想静就能静下来的

36个心理技巧

金圣荣——著

台海出版社

图书在版编目（CIP）数据

想静就能静下来的36个心理技巧 / 金圣荣著. -- 北京：台海出版社，2019.11

ISBN 978-7-5168-2465-8

Ⅰ. ①想… Ⅱ. ①金… Ⅲ. ①人生哲学—通俗读物 Ⅳ. ①B821-49

中国版本图书馆CIP数据核字(2019)第232989号

想静就能静下来的36个心理技巧

XIANG JING JIU NENG JING XIALAI DE 36 GE XINLI JIQIAO

金圣荣　著

出 版 人　蔡　旭
策　　划　王　彦
责任编辑　员晓博
装帧设计　Amber Design琥珀视觉
版式设计　艺琳设计工作室

出　　版　台海出版社
地　　址　北京市东城区景山东街20号
邮　　编　100009
电　　话　010-64041652（发行、邮购）
传　　真　010-84045799（总编室）
网　　址　www.taimeng.org.cn/thcbs/default.htm
电子邮箱　thcbs@126.com

发　　行　全国各地新华书店
印　　刷　北京柯蓝博泰印务有限公司

开　　本　880毫米×1230毫米　1/32
字　　数　120千字
印　　张　7
版　　次　2019年11月第1版
印　　次　2020年4月第1次印刷

书　　号　ISBN 978-7-5168-2465-8
定　　价　39.80元

PREFACE
前 言

静心是一种生命智慧。在生活中，眼前的烦恼、工作的枯燥、生活的压力、外界的否认容易让我们陷入不知所措的境地，这时就表明我们需要静心了，只有静下心来，才能开启我们心灵的“能量之门”。在这种能量的作用下，我们能将心中的烦闷之气一扫而空，通过一种无形的变化，我们可以得心应手地面对和处理眼前的困难和压力。我们也会因此不断地成长，不断地完善自己，使自己得到一个整体的提升。

生活中的恐惧、压力、焦虑、矛盾、纠结、不安、混乱让我们的心灵成了一片死寂荒芜的沙漠，导致这种结果的原因在于我们的思想。思想就是我们脑海中的念头，人一天能产生很多念头，包括欲望、冲突、恐惧、空虚、寂寞、痛苦、快乐等，所以胡思乱想才是人类痛苦的本原。

静心是生活的艺术，想要从思想上得到解脱，就要通过爱来完成。爱是通往幸福的道路，一个心中没有爱的人，内心往往充满仇恨，甚至麻木，其行动会变得机械、空洞。“静心”是爱，是不断观照自身的方式，是一个人从纷乱的情绪中走向解脱的过程，是学会快乐、自由和爱的过程。在打开内心能量的大门之后，我们就能获得心灵上的平静、安宁和解脱。

《想静就能静下来的36个心理技巧》一书中拥有各种能让你在烦躁不堪、内心混乱的时候静下心来的心理技巧，会让你充分领略到静心是一种美好的境界，能让你调控心灵的能量，从而润物细无声地改变你的生活，改变你的人生。

本书从情绪管理、人格提升、生活静心、修炼气场等多个方面由浅入深地阐述静心的重要性，同时让你明白心若静不下来，会对我们的生活造成多么大的负面影响和危害，让你对静心有一个全新的认识。

提到静心，大家或许会联想到冥想。其实冥想只是静心的一种方式，它是古人控制自己思想的一种方式。对现在处于城市中的人们来说，除了冥想之外，适合我们的还有时下流行的动态静心法，本书会让大家充分地认识这种动态静心的方法。

生活是一个整体，我们是这个整体的一个小零件，但是小零件也会影响到周围，所以时常静下心来会使这个小零件通过自身调整产生新的动力，给周围带来正面的影响。本书的36个小技巧会帮你扭转你的能量磁场，让你焕然一新地面对未来。

时光匆匆如流水，我们向往着“岁月静好”的生活，在岁月的长河中，能够安详宁静地度完一生，然后毫无遗憾地离开这个世间，开启下个旅程，可是却总被世间的残酷和冷漠打败，弄得自己遍体鳞伤。本书能让你从一个个有趣的小故事中领略静心的魅力并且感受在静心的情况下产生的奇迹。

自古静心者必有大不凡，老子静心作《道德经》，庄子静心写《逍遥游》，李世民静心成千古一帝，莫扎特静心以琴曲闻名于世，静下心来的他们在生活中披荆斩棘，在事业上醉心成痴，使自己的心灵力量发挥到了不可思议的地步，从容地走上自己人生的巅峰。

《想静就能静下来的36个心理技巧》是为内心浮躁的现代人量身打造的一本静心工具书，它能让我们在生活中把控自身的情绪，控制自己的心灵，掌握生活的主动，看清自身的前路，也能培养个人魅力和个人气场。

在本书的指导下，一步一步地坚持下来，养成一个个好习惯，便可以培养出处事不惊、淡然若素的良好心态。在这个嘈杂的世界里，如果能够静下心来，就不会迷失人生的方向。

希望这本书可以让大家认识到静心的力量，并掌握静心的方法，使内心变得更加平和。

CONTENTS

目 录

Chapter 1 为情绪求一份宁静

Chapter 2　心灵上的静心之途

Chapter 3　人格上的心理调节

Chapter 4 生活中的静心之道

Chapter 5 乱中求静的淡然气魄

Chapter 6 在气场中的修心妙法

Chapter 1

为情绪求一份宁静

掌控自我情绪能将不良情绪带来的伤害降到最低。控制好情绪不仅有利于身心健康，更有助于维护良好的人际氛围，使自己远离无谓的烦恼。

生活中，我们除了要去看、去学、去熟悉周围的种种事物，还应当学会把控自己的情绪，使自己的身心处于最好的状态，这样我们才能更加自如地应对遇到的各种问题。

只有掌握了一定的方法，使情绪处于稳定可控的状态，我们对各种人或事物做出的判断和认知才会准确。如果说一味地向外界探寻，是极其耗费精力的一件事情，那么有效地掌控自我情绪，就是为自身能量进行的补充与储蓄。

当我们能够自如地把控情绪时，我们对外界信息的掌控和接受在一定程度上就会达到一种理想状态上的平衡，从而为我们自身带来意想不到的心灵上的舒适，这种舒适的快乐，往往是大于身体久经疲劳之后得到充分休息的快乐的。

与其抱怨喧嚣，不如心远喧嚣

——宁静：问君何能尔？心远地自偏

长期处于喧嚣之中，宁静就是使人得以整理心绪的镇静剂，古时候的喧嚣意味着车水马龙和络绎不绝，现如今的喧嚣意味着灯红酒绿以及永远不会沉寂的夜晚，假如说喧嚣是一群人的狂欢，那么远离喧嚣则是独属于个人的情绪梳理。

张爱玲少时聪慧，七岁就开始撰写文章，开启了迈入文坛的大门。后来，由于战事原因，她无法出国读书，只好在香港大学就读。毕业以后的张爱玲回到上海，在这座纸醉金迷的城市里靠写文章维持生活，后来结识了胡兰成。这期间她创作了大量小说，成为上海文坛一颗耀眼的明星，而短短几年的婚姻让一个才女爱到了尘埃里，她活得卑微却又璀璨夺目。与胡兰成分手后的几十年，她在美国深居简出地继续她的文学创作生涯，过着与世隔绝的生活。她还翻译了大量美国文学作品，并创作了《小团圆》（未完成）等作品。因此有人曾这样评价她："只有张爱玲才可以同时承受灿烂夺目的喧嚣和极度的孤独。"

当下的人们抱怨世界太过吵闹，我们在无法安心做事时，不妨学学张爱玲，试着与生活适当地保持距离，留一份属于自己的清明，这样就会拥有安静的生活，就能专心做事。

从繁杂的事物中抬起头来，给自己一些时间，让心灵归于宁静，便会从中发现自己真正追求的是什么。

19世纪末，英国妇女还没有受教育的权利，而著名女意识流作家弗吉尼亚·伍尔夫却从小就获得了良好的教育，但这并不意味着距离她并不遥远的剑桥、牛津就会有她的一席之地，也许就是因为这微妙的距离，她自小就在心中埋下了一颗终身为维护女性权利而奔波的种子。1904年在她写作生涯开始时，就创作了随笔《一间自己的房间》，这本书融合了前期学会和女子学院的相关论文，探讨女子获得教育的可能性，并大篇幅介绍了英国文学史上各类女性作家的成就以及这些女性出身的社会情况和受教育情况。最后，她得出的结论是一名女性只要拥有一笔微薄的经济收入和一间安静的小屋，就可以开始自己的写作生涯。只要女性们愿意从繁重的家务中抬起头来，去细细地品味自己与世间万物的关联，就会使人类的历史中多出许多拥有女性细腻特质的佳作。

关于她的一生，也正如她理论中所说的那样，除了少数时间奔波于各地的文艺交流圈外，她本人更多时候还是在安静的房间中运用细腻的笔触写作，她跳出英国等级森严的男权主义，去分析美妙的文学世界。

拥有平静的心境，更有助于对事物做出理性的判断与认识。

一位年轻人将大多数人认为的一系列人生美事，诸如健康、英俊、爱情、智慧、才能、权势、名誉、财富等详细地列出了一份清单，交给一位睿智的长者过目，并十分自豪地对长者说道："这是我能想到的一切愿望的总和，如果能够实现我就别无所求了。"

老人听后笑了笑，指着名单说："年轻人，你这张单子列出的内容似乎很齐全，但是你还漏掉了最重要的一项，如果没有这一项，你得到的其他东西越多，你将会越痛苦。"说着，他将年轻人的整张清单一笔勾销，在上面写下"心灵的宁静"几个字，并说道："这是命运之神赐予她所眷顾的人的礼物，也许有很多人会得到你清单上的这些名气、财富、美丽等东西，而只有宁静的心灵，才是她赐予的最为珍贵的礼物。”

当时年轻人对老人的话感到非常疑惑，多年以后他陆陆续续地完成了清单上的许多梦想，却并没有得到想象中的快乐，这时候他才想到老人说的不为世俗所烦扰的那种宁静的心境。自此之后他在前进的道路上不再患得患失，而是更加心无旁骛地追逐自己内心想要的东西，他的人生也不再为烦恼所牵绊。

一个拥有平静心灵的人，内心就像一面澄澈透亮的明镜，能让人从中看清自己想要什么，追求什么，舍弃什么。在这个浮躁的社会中，想要得到真正的安宁，首先让自己的心不被世俗之事所烦扰。

和许多文人雅士相同，陶渊明也曾想凭借自己的才能做好一方父母官，可惜生不逢时，当时的东晋已成空壳一枚，内藏的多是贪官污吏，因而陶渊明的愿望早早落空，只留下一句“不为五斗米折腰”的惊世名言后归隐于深山，从此徜徉在诗歌世界，后终成一代文学翘楚。

陶渊明的前半生一直在做官和归隐中沉浮，可谓一波三折，但是这并没有影响他对清明廉洁生活的向往，他最终选择远离肮脏喧嚣的官场将自己的爱国爱乡情怀寄托在田园之中。

当一个人过度留恋世俗的繁华，就会丧失分辨自己何去何从的能力；而过于碌碌无为，则会让自己的心态变得格外烦躁慵懒。当你拥有一份平静的心境，时而将万物与自我融合为一体，时而清晰地隔离开时，心与世俗之间就会得到一种平衡。

相比对外界事物进行无休止的探寻，我们寻求心灵的宁静与美好则是建立在对已有事物的重新认知与审视之上，因此也与通过对其他事物不断探索后才会拥有的片刻喜悦不同，当一个人越重视自己内心是否真的处于宁静时，他的整个身心就会越容易得到由内及外的舒适。

夸父明白自己最大的愿望是让太阳多停留在人间一会儿，所以即便冒着被烈日炙烤而死的危险，他也心甘情愿地追逐太阳；李白虽有出口成章之才，却因为不认同那些世俗与不堪，遂舍弃锦衣玉食的生活，在青山绿水间做回了真正的自己。

我们想要在心灵上获得真正的宁静，就需将自己的内心充实起来，而社会上有太多的人之所以内心无法安定下来，总以世人眼中的名利来衡量自我，一个很重要的原因就是他们的内心是空虚的。

如果说能为我们身体提供能量的是果蔬粮食，那么能给我们心灵补充能量的方式则是让自己从平日的繁忙中抬起头来，去仰望一下湛蓝的天空，于天地之间进行一场别开生面的体验，于书海之中进行一场发人深省的思索。倘若这时候的你能静下心来去享受这一切，那么你将会得到一种前所未有的充实与愉悦。

想要得到这种心境，并非需要你完全远离尘世的喧嚣，而是要你学会适时地在自己的心中与外界筑造一道篱笆，试着与世俗之间保持一种不远不近的距离，用这道篱笆围绕出一种自然的宁静与和谐的美，这个世界也会在一瞬间变得无比可爱起来。

焦虑是有些人的动力，也是有些人的迷宫

——冷静：冷静面对一切，不惊慌，不忧虑

适度的焦虑有利于克服惰性，提高人们自身的积极性，但凡事往往过犹不及，在生活中更多的人总是习惯性地为以后的事忧虑不安，但眼下又不知如何去做，从而整日忧心忡忡、闷闷不乐。

一天早晨有人见死神收拾好行囊向一座城市走去，就走上前去问道："请问您要去做什么？"死神想都没想脱口而出道："我要去取100个人的性命。"这个人听后大叫说："太可怕了！"死神听到他的反应后，非常无奈地说："没办法，我必须这么做。"这个人得到死神的确切答复后，立刻跑去城里告诉人们死神就要到来的消息。这个人在晚上回家时又遇见了死神，不由得质问："您今早告诉我的是带走100个人，为什么最后死掉的是1000个人呢？"

死神回答说："我的确是带走了100个人，而剩下的那些人是因为过于焦虑死去的。"

从某种程度上来说，我们心中的焦虑实际上是我们对自己的不可控和对未知事物产生的恐惧而导致的，当面对自己不能预知的事物时，很多人就容易产生悲观情绪，陷入过度焦虑与不安中，以至于因此丧命。

撒哈拉大沙漠中有一种叫沙鼠的灰色老鼠，每逢旱季，它们就开始在洞中储存草根以备过冬，这时候每只沙鼠都会到处奔忙。它们从早忙到晚，每天总要将自己折腾到筋疲力竭才肯罢休，这种为自己的日后生活早做打算的心态并没有什么错，可是奇怪的是，当这些沙鼠已经完成当季足以过冬的储存量后，仍旧在一刻不停地拼命寻找草根储藏，为了方便搬运，还一定要将草根咬断。在这个过程中，它们只有一直不停地搬运粮草，心中才会觉得踏实，否则就会一直急躁地叫个不停。实际上一只沙鼠在旱季来临之前只要储存2千克草根就足以顺利过冬，而这些沙鼠却因过度担忧，每年旱季总要搬回十几千克草根才会使其焦虑完全消失。这些吃不掉的草根来年在洞中腐烂后，沙鼠还要投入大量精力将其清理出洞。

因为沙鼠本身比小白鼠体型大，且能够更加准确地反映实验药物特性，有不少医学人员曾提议用沙鼠来代替小白鼠做医学实验。但是相关人员发现只要把沙鼠放进笼子，它们就开始焦虑不安起来，尽管它们在笼子里不愁吃喝，却总是在寻找草根。当这些草根不小心掉到笼子外面时，他们也总是想办法爬出笼子，将草根再叼进笼子，而那些被强制关进笼子中过着丰衣足食生活的沙鼠，由于过于焦虑很快就死掉了。基于沙鼠的这种特性，人们只好继续选择使用小白鼠做医学实验。

沙鼠的这一行为是由本身的遗传基因所致，沙鼠近似本能反应的担心使它们总是忙于劳作，虽然这些劳作毫无意义，它们的一生却注定要为此焦躁不安。然而仔细思考一番就会发现，这些沙鼠很像我们中的一些常常为久远的未来不断瞎担心、做无用功的人们，他们总是在为一些将到未到的事情不断投入精力，从而产生过多焦虑情绪，一不小心将自己带入歧途之中。

几米在很早以前还只是一个拿着画笔，长期依靠给杂志社画插图勉强维持生计的不知名的小人物，那时候他最想做的事就是用画笔改变自己不如意的生活。也许当时的几米太想得到体面的生活了，不停作画的他还没有看到自己成功的那一刻就在床上一病不起，这场突如其来的大病差点要了他的性命。出院后，几米依旧以为杂志社画漫画为生，但是这时的他卸下了心中背负的沉重的担子，他的漫画风格也在慢慢转变。他用平和的心态描绘出他心中多姿多彩的世界，描绘出对生活的热爱与向往。不久之后，他漫画中纯净美好的意境深深打动了一大批受众，如今他已成为众所周知的漫画家。几米的经历就像一个人溺水后，只要尽量忘记自己眼前的困境，将身心放轻松，冷静地面对现状，自然就能轻松地“浮”上来。

周迅18岁前还在浙江艺术学校上学，那时候她觉得跟同学时不时地唱唱歌、跳跳舞，一天过得就很充实，如果有导演来学校找她拍戏，哪怕接一个小丫鬟、小舞女之类的角色，甚至只要露个面，她也能高兴一整天。直到1993年的一天，教周迅专业课的老师找她谈话：“周迅，你能说说你对未来的打算吗？”当时被叫到办公室里的周迅还在琢磨老师为什么会找她，听到老师这样一问，她愣住了，被问到这么严肃问题的她稍稍思考了一阵，才看着老师的眼睛，坚定地说道：“我希望自己十年后成为最好的女演员，并且可以发行一张属于自己的音乐专辑。”

老师听到她有自己的目标后，很是欣慰，就接着说："好，既然你有目标，那我们就开始按照你说的来倒着推演一下，十年以后你28岁，达成了你的目标，成了红透半边天的明星，还出了一张专辑；那你在27岁时除了要不断地接到知名导演的重要戏份外，还要有一份完整的音乐作品，可以拿给许多唱片公司试听；25岁时在你的演艺方面就要有一定的经验了，另外在音乐方面，这个时候就要有很棒的录音作品出现了；23岁时就要在演艺和歌唱方面接受更加专业的培训和训练；20岁时就要开始学会作词、作曲的基本方法，在演艺方面就要试着挑战大一些的角色了。"

周迅跟着老师的思路一条条顺下来，虽然这样的安排并没有什么不妥，甚至每一层这样依次分开也相当容易，但是周迅感到了恐惧，因为现在的她本应该开始为自己的理想做准备了，却还停留在演个不起眼的配角就沾沾自喜的状态中。一年后从艺校毕业后的周迅在意识到这个问题后就开始觉醒了，从此她开始对自己所接的角色进行认真挑选，之后陆续拍摄了《那时花开》《大明宫词》等热播电视剧，逐渐被大家所熟知。2003年恰好是老师和周迅谈话后的十周年，这时候她居然真的发行了属于自己的第一张专辑——《夏天》。

老师教给周迅的方法可以称为“十年倒推法”，为想要达到的长期目标设定一个最终期限，并将这个目标细化分成每一年的任务量，然后再逐步完成每一年的任务量，直到目标实现。

这是能以合理的速度行之有效地完成目标的最佳方式，在缓解长远担忧焦虑的同时，能够有效把握住自己的节奏，达到顺利完成目标的目的。

人人都懂大道理，却难以控制小情绪

——疗养：学会操控情绪，是摆脱心疾的良方

美国著名心理学家卡梅伦·韦斯特认为，认知情绪的模式是有效地管理自我反应的基础。每个人都会受到自己情绪模式的支配，也正因如此，我们必须清楚地了解自己的情绪模式，如此才能有效地进行取舍。识别自己的情绪模式可以帮助你按自己的意愿行事，使你不会受到负面情绪的操控，从而准确地把握各种变化或挑战中的核心问题，使自己摆脱因为负面情绪而导致的心理疾病。

人的情绪跟自身的认知有很大关系。当人对事物的认知角度不同时，就容易产生多种多样的复杂情绪。所以当负面情绪出现时，可以尝试换一个角度去思考，对事件或事物做出新的理解及认识，使自身的思维能够跳出原有的局限和刻板模式，让自己的精神得以解脱，从而使自己的精力转移到所追求的目标上来。

人当然不可能永远处在良好情绪中，生活中既然有挫折、烦恼，那么就会有消极、负面的情绪。但是一个心理健康的人是善于调节和控制自己情绪的。人在成长的过程中，总会遇到各种负面事件，当感觉到负面情绪时，就应该学会慢慢调节和控制自己的情绪，绝不能一味地压抑自己的负面情绪。心理学研究表明，通过“压抑”的方式并不能改变负面的情绪，反而会使这些负面情绪在内心深处沉积下来。而当这些负面情绪积累到一定程度时，往往会以破坏性的方式爆发出来，给自己和他人造成伤害。所以，不断压抑负面情绪只会导致两种结果：第一是爆发；第二是造成更深的内心冲突，导致人的心理出现疾病。

心理疾病是一种十分抽象的疾病。与生理疾病不同的是，它不能单纯地依靠药物或者像解决其他生理疾病的方式那样来治愈，但是，两者的相同点就在于，不管是什么样的疾病，都必须找到源头，然后才能“对症下药”。心理疾病产生的原因是什么？奥地利著名心理学家西格蒙德·弗洛伊德认为，人之所以会产生心理疾病，往往是因为人的潜意识情绪和思维方式的错误判断，让主体被负面情绪所操控。因此，人应该最大限度地对自己的情绪有一个透彻而全面的认知，不能让负面情绪操控自己，而应该学会对自己的情绪进行调节与控制。

有一位国王，一日忽然梦见巍峨的山峦倒塌，清澈见底的河水莫名枯竭，明明是春天，本来应该艳丽争春的百花却都凋谢了。国王因为这个怪梦心神不宁，便叫略懂释梦的王后为他解梦。王后听了国王的叙述，一脸忧虑地对国王说："陛下，此梦并非吉兆。山倒了指的是您的江山将要倾倒；君是舟，民是水，一旦水枯了，舟如何能够行驶，所以流水枯竭意指民众离心；春天本是百花齐放的好景色，但百花却凋谢了，只能说如今好景不长了。"听了王后的释梦，本来就因为怪梦而心神不宁的国王更是惊出一身冷汗，人也变得郁郁寡欢起来，没多久就患了一场大病，并且病情越来越重，眼看人就要不行了。

这时，一位大臣听说了此事后前去参见国王，国王一脸病容地躺在病榻上诉说自己的心事。不承想，大臣听完国王的话却一脸欣喜地笑道："陛下，此乃好梦呀！山倒了，地自然就平了，指的是从此天下太平；水枯了，真龙方可现身，所以陛下您乃真龙天子；花谢则结果，百花凋谢，自然就会结好果，陛下有什么可担心的呢？”听了大臣的话，本来重病难愈的国王顿时好了大半，没过多久就痊愈了。

其实，国王之所以会病倒，与王后的解梦是脱不了关系的。同样的事件，因为不同的解释而产生了完全相对的两种情况，国王的病其实是心病，王后的解梦夸大了负面信息，被夸大的负面信息让国王心生忧虑、烦恼、恐惧等负面情绪；而大臣的释梦则是将负面的信息转化为积极的正面信息，因此，当国王听完了大臣的释梦，心病顿时解了大半，心病一解，生理上的病痛也就一并土崩瓦解了。俗话说“心病还须心药医”，大臣的解梦就是一服“良药”，有效地调节了国王的心病，使他从抑郁中解脱。人之所以会产生心理疾病，往往是因为负面情绪所致。控制、调节自己的情绪，将负面情绪调整为正面情绪就是摆脱心理疾病的好的方式。

美国著名心理学家弗洛姆为了验证人的情绪对结果会产生什么样的影响，做了这样一个实验：在实验中，弗洛姆引导自己的7个学生成功地穿过了一间伸手不见五指的房间，但是当弗洛姆打开房间的一盏灯时，在昏暗的灯光照射下，7个学生被眼前的景象吓呆了，房间地面下是一个大水池，水池里有几条鳄鱼正游来游去，而水池上方只搭了一座简易的小木桥。很明显，当时他们就是从这座木桥上穿过了这个所谓的房间。

弗洛姆问7个学生："现在，你们之中还有谁愿意再次穿过这个房间呢？"大家都沉默了，弗洛姆又问了一遍，过了许久，有3个胆大的学生站了出来，表示愿意再走一次。第一个过桥的学生以极慢的步子非常小心翼翼地走了过去，花费的时间比刚刚多很多。第二个学生则因为极度的恐惧，颤抖着上了桥，走到一半时，因为一条鳄鱼游过，吓得只好从桥上缓慢地爬了过去。第三个学生刚刚踏上小桥没走几步就直接腿脚一软瘫倒在桥上，哆嗦着再也不敢往前移动半步。

于是，弗洛姆又打开房内的另外几盏灯，房间顿时被照得仿若白昼。大家这才看清了眼前的景象：原来小木桥的下方有一张很大的防护网，这大概是为了保护过桥的人设置的，只是由于当时光线昏暗，这张防护网的颜色又比较浅，所以大家压根儿没看见。弗洛姆又问："现在有谁愿意过这座桥吗？"令人欣喜的是，这次站出来5个人，弗洛姆问剩下两个没有站出来的人："你们俩为什么不愿意再试试呢？""可是，这张防护网结实吗？"这两个人非常默契地反问弗洛姆。

在这组实验中，起初在房屋黑暗时，7个人在不知情的情况下都可以顺利地在弗洛姆的引导下穿过房间，因为此时他们的心里没有任何负面情绪，他们相信自己的老师，所以黑暗和危险并没有成为他们成功的障碍。可是，当他们在灯光下看到真相后，却因为心里的恐惧而无法顺利地通过木桥，这是因为负面情绪使他们产生了心理上的“疾病”。通过这个实验我们可以得出这样的结论：人对事物的认知对自身的情绪调控是很重要的。

人的情绪认知包括感知、思维和决策等一系列的活动。例如，当人们初次接触一个人时，第一印象是他的外貌、言谈举止，同时还会考虑他说的话有何含义，自己是否想跟他进一步地接触等。情绪和认知虽然都是独立的心理过程，但是它们都有自己的发生机制和变化规律，两者之间有着密切的联系。一般来说，人的正面情绪像愉快、兴奋等，能对认知活动起协调、促进的作用，而人的负面情绪像担忧、沮丧等，则会对活动起到破坏、阻断甚至瓦解的作用。因此，基于情绪的影响，我们必须学会调控情绪，让负面情绪远离我们。

当我们感到情绪消沉的时候，可以通过一些方式来调节它，比如去公园散散步，听听自己喜欢的音乐，做一些健美操运动，逛逛超市；也可以向知心的好朋友或亲近的人哭诉一番。心理学研究表明，哭泣对人的负面情绪有一种“治愈”的功能，人在痛哭后，不愉快的心情会得到缓解，所以人们在调节情绪时可以选择看一些感人的经典电影，借机将自己的负面情绪宣泄出来。另外，人们也可以通过写日记的方式，将负面情绪写下来，还可以拨打心理咨询热线，向专业的心理咨询师请教，把自己的坏情绪宣泄出来。当然，宣泄只是我们调节、控制自己情绪的方式之一。除了宣泄以外，如果你能为改变自己的处境而去做些什么，或者将逆境作为人生的动力去努力奋斗，这样的话，会更好地帮你摆脱消极情绪，因为一方面当你在为人生奋斗时，你的注意力会变得更加集中，让你没时间去自怨自艾；另一方面，在你的处境逐渐改善的过程中，你的眼界会变得更开阔，很有可能会使你对生活产生新的看法，这样你自然就可以从负面情绪中走出来了。

别让忧思成为一座禁锢未来的“围城”

——怡然：生活是一个漏斗，得了失了，怡然

我们生活在快节奏的时代，必须紧跟时代的步伐，这样才不至于被抛在后面。想要加快自己的步伐，就要学会舍弃那些阻碍我们前行的东西，这样，我们才会走得洒脱自在。

在路上，我们可以心怀初衷一直向前，但心中也应当有一份“天地之间，有所得，必有所失”的淡然之气，不管遇到什么事情都能淡然处之。

美国宾夕法尼亚州的人们有一段时间非常讨厌当地的石油大王洛克菲勒，他的竞争者在被他打败后将他的画像挂在树上以发泄自己的愤恨，各种来自民间的充满火药味的信件源源不断地飞进他的办公室，还有人曾打电话到他的办公室扬言要取了他的性命。受到多方面的恐吓与威胁后，洛克菲勒曾雇用很多保镖保护自己，以防止遭遇不测。对那些流言蜚语，他回击说："你尽管踢我骂我，但我还是按我自己的方式行事。"尽管洛克菲勒嘴上做出坚决的还击，但是他还是因为商业上这些令人烦恼的事情而抑郁生病了。他开始大面积脱发、消化不良，医生警告他，必须在工作和生命二者之间做出选择，是退休拿钱治病消灾还是死守财富等死，他两者只能选其一。

听到这个结论，洛克菲勒经过几天几夜思考后，选择了退休治病。退休后他开始学习打高尔夫球、整理庭院以及与邻居们闲聊，在这段时间里他也开始自我反省，并拿出自己的数百万美元的积蓄用于慈善，从乡间的一所名不见经传的教堂到举世闻名的芝加哥大学，都曾得到过他的慷慨捐赠，1902年，他设立了通才教育董事会，宗旨是推进美国每一个角落、每一阶层的教育，尤其是南方黑人的教育。他也曾出资建立卫生委员会，并通过这一协会消除了钩虫病。洛克菲勒的善举不仅消除了人们对他的憎恨，也使他的身体恢复健康，同时得到了由衷的幸福与快乐。

在遇到危害自己身心健康的事物时，无论它有多么重要，都要将其丢弃，这样才能减少负面情绪的增长，使不良情绪得到控制。

真正的坦然是不计较得与失。

一场规模很大的模特比赛正在紧张进行，现场的20位模特进行完第一轮比赛后，主持人突然报幕说："这一次我们要评选的是一名最差的模特儿。"听到这句话后所有观众都感到非常诧异，因为自模特大赛举办以来从未出现过类似评选活动。经过评审委员的新一轮选举，最差模特被推到了台前，只见她面带微笑倾听评委对她的轮番点评："你的表情不够自然""你的着装搭配不够合理""你的内在气质不足""你的上镜效果不佳"。种种点评对她来说更像一场变相的责难，而这个女生听完评委们的点评后，只是大方得体地点头微笑说："谢谢！下次我一定会注意的。"其他模特见到这种尴尬气氛，有的竟然在场上幸灾乐祸地笑了起来，而女孩并没理会，只是坦然接受大家的意见，并用心准备着下两轮比赛，令人诧异的是，女孩在接下来的比赛中表现得越来越优秀，最终夺得了整场比赛的冠军，而那个别开生面的"最差模特评选"不过是评委们合谋给他们心目中的最佳模特设下的一个陷阱，旨在考验她的心理素质，幸运的是她凭借自己坦然的心态夺得了这次比赛的冠军。

在生命的舞台上，无论遇到何种境遇，只要坦然处之，抛弃干扰心念的繁杂之物，用一颗淡然的心去拥抱即将面对的一切事物，人生就会迎来曙光。

霍金从小就对自然科学非常感兴趣，在大学时代，他就发现了一套可以解释宇宙的“万能理论”，然而正陶醉在探索宇宙奥秘的使命感之中的他，在走楼梯时身体总是不受控制地跌倒，21岁时，他被确诊得了帕金森综合征，医生告诉他最多只能再活两年。为此，他消沉了好久，但是两年之后他的情况并不算太糟糕。一天，他做了一个梦，梦见自己还能凭借能力去帮助一些人。走出这段灰色时光的霍金努力不去思考自己的疾病，而是继续他的理论研究。在生活中，他自己能做到的事情绝不麻烦他人。患病之后，他曾6次与死神交手，仍旧顽强地活了下来。一次演讲结束后，一名女记者问道：“病魔已将您永久固定在轮椅上，你不认为命运让你失去太多了吗？”霍金听后只是面带笑意地用他还能活动的3根手指艰难地叩击了几下键盘，在屏幕上留下一段文字：“我的手指还能活动；我的大脑还能思维；我有终生追求的理想；我有爱我和我爱的亲人和朋友；我还有一颗感恩的心！”在回答完记者的问题后，现场爆发出一阵雷鸣般的掌声。

从某种层面来讲，生死之间人人平等，但是面对生活，人与人之间获得的馈赠却各有千秋。如果我们将生命中每一件事情都当作生命赐予我们的一份未知的礼物，就像一盒未知的巧克力，每一颗都是生命中前所未有的惊喜，那么我们对待生活的态度就会淡然得多。

当一个人拥有了像里根一样能在满是马粪的房间中寻找小马驹的心态，生活的得失在他的心中无非就是换了一种寻找新快乐的方式。

早年留学法国的日本哲学家中江兆民，创作了多部著作，被人们称为“东方卢梭”。他在54岁那年被检查出得了咽喉癌，据医生断言他只剩下最多一年半的生命，但在他的眼中这短暂的日子变成了与时间斗智斗勇、著书立作的愉快时光。在最后的日子里，他因为气管被割开枯瘦得不成样子，却以惊人的毅力完成了日本学术史上的里程碑著作《一年有半》《读一年有半》，而他在重病期间写的名诗《跌倒时也要笑》也在日本流传至今。

谈到对生死的从容态度，他认为一年之中若要有事可做，有乐趣可图，那么这一年是漫长的。要说年月之短，那么十年、五十年也不过弹指一挥间，而所谓名利之事，也不过是大海上的一粒尘埃而已。可见，只要我们走出禁锢自己的忧思，用一种淡然乐观的心态去面对生活，生活就会在苦乐之中给予我们意想不到的惊喜。

三千大世界，尽在一念间

——调节：强大的心灵缓冲，是战胜一切的法宝

情绪有正负两面之分，负面情绪带来负面效应，正面情绪带来正面效应，在需要做出某些决定时，要有意识地运用心理暗示法掌控自己的情绪，使其发挥出正面影响。

通常而言，心理暗示可分为积极暗示和消极暗示。与正面情绪一样，积极的心理暗示对情绪和生理状态都能产生良好的影响，同时积极的心理暗示还能调动人的内在潜能，使人最大化地发挥自己的能力；消极的心理暗示则会对人的情绪、智力和生理状况产生不良影响。因此我们在使用暗示法调节情绪时，是应该采用积极的心理暗示法。

在心理学中，心理暗示是指人的一种心理倾向，这种心理倾向通常会不自觉地维护自己的地位，不愿意受到干涉或控制，因此这种心理暗示往往会比直接劝说或命令的作用要大很多。而且心理暗示能影响一个人的生理和心理健康，这种现象在生活中可谓屡见不鲜。假如，早上起来，你发现镜子里的自己脸色灰暗，一副精神不佳的样子，可能这一整天，你都会觉得自己毫无生气，做事时也不上心、不认真。举个正面的例子，“望梅止渴”这个故事就很好地说明了心理暗示起到的积极作用。对士兵来说，当他们觉得干渴难耐、失去信心时，将领的话给他们带来了积极的心理暗示：前方有梅林！有梅林自然有梅子吃，士兵听到这样的话自然会振奋起来，仿佛觉得酸甜可口的梅子已经在嘴边。由此可知，积极的心理暗示往往可以控制人的情绪。

根据医学临床数据显示，有90%以上的肿瘤患者的患病原因与心理、情绪有直接或间接的关系。精神的创伤，乃至不良情绪都有可能成为患癌症的先兆。而且消极的情绪会影响人体的多个系统，如果一个人经常觉得压抑或失望，那么就会抑制自己的胃肠运动，影响到消化机能。另外，焦虑和愤怒等消极情绪还会使人体的肾上腺素、皮质类胆固醇等内分泌激素增加，在一定程度上造成人的心率加快，血压升高，胃肠蠕动减慢。

一位年轻人向心理学家库尔特·鲍利克咨询，年轻人说："面对一件事，如果我的感觉告诉我这件事很难成功，我的第一个念头就是选择放弃。但是，每次放弃后，再回想这件事时我就感觉比失败还难受。"库尔特·鲍利克明白，其实这就是年轻人消极的心理暗示的结果。于是，他建议年轻人如果再碰上这样的事应该用积极的"心语"来暗示自己，比如："我一定能成功！""这件事比我想象得简单！"果然，后来在这样的积极暗示下，年轻人再也没有因自己的担忧情绪而轻易放弃要做的事了。而且，在积极的暗示下，他做事总是无往不胜。所以，当你在面对某件事想要"打退堂鼓"的时候，应该立刻警示自己，不妨挺起腰板，充满信心地对自己说："我一定能做得很好。"

心理学家马尔兹说："人们的神经系统是很'愚蠢'的，当人用肉眼看到一件喜悦的事时，它就会立即做出喜悦的反应；当人们看到忧愁的事时，它自然而然就会做出忧愁的反应。"而当人们习惯性地想象愉快的事时，人们的神经系统也会习惯性地处在相对快乐的情绪里。所以，人们只要在生活中给自己积极的心理暗示，譬如常常对自己说，"这个世界每天都有新的变化”“我每天都觉得很快乐”“这件事我一定能成功”等，并在积极暗示的同时通过自己的语言、肢体、表情等元素加强自信心，便会在潜移默化中使自己的心境、情绪、兴趣、意志发生变化，从而影响并掌控自己的情绪。

当一个人产生负面情绪时，无论情绪如何激动，都要学会用积极暗示法掌控情绪。一般来说，明智的人会在心里暗自给自己打气：“不能发火，应该淡定，我做得到！”情绪过激的人经常因为无法掌控负面情绪而影响自己的工作、生活，甚至会因为自身的情绪伤人伤己。美国著名的职业心理学家戴·威廉斯说：“无论什么见解、计划、目的，人们只要以强烈的信念或期待进行多次反复地思考，那它一定会出现在人的潜意识中，成为积极行动的源泉。”美国某位拳王每次回答记者的提问后，总是会说一句：“I’m best！（我是最好的）”显而易见，这句“我是最好的”其实就是一种积极的自我暗示。当人在反复运用积极暗示法时，就会下意识地接受这种情绪，保持积极的心态，让“事实”朝着自己所想象的方向发展。

美国著名的社会心理学家罗森塔尔做过一项实验，实验的目的是研究教师的期望对学生成绩的影响。罗森塔尔和研究助手来到一所小学，并且声称要进行一个“未来发展趋势测验”。在这项测验结束后，罗森塔尔和研究者们将一份“具有发展前途的优秀者”的名单交给了校长和老师，一再叮嘱他们务必进行严格的保密，但实际上，这份所谓的权威性研究，只不过是一个无可厚非的“谎言”而已——这份名单上的学生只是随机挑选的。

几个月后，“奇迹”发生了。凡是被列在名单里的学生，不但学习成绩有了很大进步，各方面也都表现得非常优秀。经过长期研究调查显示，这些被列在名单上的孩子在若干年后都比其他孩子有更好的发展。

不难理解，这样的“奇迹”正是因为罗森塔尔的“权威性谎言”发生了作用，因为这个谎言对老师产生了暗示：因为专家的研究结论使老师们相信名单中的那些孩子很有前途，于是在教学中对他们寄予了比其他学生更高的期望，并且投入了更多的热情，这样加倍的信任与鼓励正是促成这些孩子向上的动力。老师们通过自己的情感、语言和行为将积极的力量传递给这些“特别”的学生，使他们非常强烈地感受到了来自老师的关爱和期望，由此学生的自信心得到了增强，比其他学生更努力，也进步得更快。可见，积极暗示的力量是多么的强大且惊人。

这个积极的心理暗示的惊人效果也给人们带来了深刻的启发。正因为心理暗示能直接影响人的情绪，所以，人们可以有意识地运用积极暗示法来调节自己的情绪。

Chapter 2

心灵上的静心之途

街边巷口，到处是熙熙攘攘的人群，融入其中，在不断涌动的人潮里游走，就会感受到人间热闹的烟火气，然而我们置身于这样的喧嚣中，是否会获得心灵上的快乐？答案也许是否定的。

在飞速发展的时代，我们只顾着跟着众人向前疾走的时候，是否问过自己：这样的速度真的适合我吗?

对于这样的生活，我们似乎早已习以为常，仿佛只有和他人达到同样的速度我们才会获得满足，只是这种生活态度，未必会让我们得到称心如意的结果。

让心静下来是重新开启智慧之门的必经之路，更是我们人生旅途上应当掌握的一门艺术。我们要学会生活，就该让自己的心静下来，任世间如何喧嚣，我心自清明。

当人生给予我们时间来打理它的那一刻，应叩问自己每一步该去如何运作，认真聆听内心的声音，等自己的内心足够充实，不再迷茫的那一刻，再做出来的事情才会更有价值。

你在桥上看风景，看风景的人在楼上看你

——反思：换个角度看问题，你会发现世界的美丽

现实的生活就像多变的天气，有天空晴朗之时，也有暴风骤雨之时；有欢乐与悲伤，也有成功与挫折。可以说，现实往往是不能令人满意的。很多时候，自己所期望的未必就能拥有；能够获得的，未必就是自己当初所期望的，而这也是生活的真实写照。生活对人们来说，本来就不可能事事如愿。现实中，或许经常会听到一些人这样说："我工作十分努力，几乎每天都加班，为公司付出了很多，可为什么不能得到老板的赏识呢？"虽然一些人确实在工作或生活中辛勤耕耘着，但有一些目标终究是不可能实现的。与其眺望虚幻的海市蜃楼，不如真真切切地感受和把握身边的每一件事情。

然而，一些人总是不停地抱怨现实，比如工作时，会抱怨没有得到应有的报酬；失去工作时，会抱怨社会工作岗位分配的不均衡；应聘工作时，会抱怨机会的不公平。总之，在这些人看来，人生是灰暗的，自己的任何努力都很难取得好成绩。其实，无论是工作还是生活，只需要换个角度思考，就会收获不一样的人生感悟。

稻盛和夫曾说："现实的工作或生活可以带给人们很多快乐。人们应该感激生活，因为生活让人们懂得了什么是真正的幸福，并且能让人们真正地了解自己。人们还应该庆幸，只要自己的身体健康，生活就是幸福的。没有必要去羡慕别人拥有的财富或名誉，因为每个人的生命轨迹都是唯一的，有很多让别人羡慕的精彩。将那些无休无止的欲望抛开，才会摆脱烦恼。"稻盛和夫在日本东京参加的一次演说会上，向人们讲述了这样一个故事：

一个人生前喜欢帮助别人，死后便去了天堂成为天使。成为天使后，这个人仍然会来到凡间帮助那些需要帮助的人，希望给受苦的人们带来一丝安慰。一天，天使在一座小桥上看到一位文学家。文学家年轻有为，妻子也非常温柔，但他似乎过得并不快乐。天使问道："年轻人，你为什么不高兴？我能帮助你吗？”文学家一脸茫然地看着天使说道：“我什么都有，但还是缺少一样东西，您能给我吗？”天使不假思索地回答道：“当然可以，你需要什么？”文学家仰望天空说道：“我想要属于自己的幸福，您能给我吗？”这个问题把天使难住了，他想了想对文学家说道：“我已经明白了。”说完他把文学家拥有的一切都带走了，包括他的才华、容貌，以及他美丽温柔的妻子。一个月后，天使再次回到文学家的身边，看到文学家非常痛苦地躺在地上。于是，天使又把他此前的东西都还给了他，然后离开了。又过了一个月，天使再次找到文学家。他清楚地看到，文学家搂着妻子，正温柔地帮妻子梳理头发，并且不停地向天使道谢，因为他得到了属于自己的幸福。

其实，这就是生活。当一个人在拥有一些东西的时候或许因为平淡而不去珍惜，总是认为它不够完美。可是，当失去这些东西的时候，就会变得一无所有，而失而复得之后，才懂得珍惜它。其实，无论生活以怎样的面目出现在人们面前，人们都应该拥有幸福快乐的心态，用一颗快乐之心拥抱生活、享受生活。因为一旦用快乐的心态去看待生活，整个人就好似注入了无尽的动力，这样才能让生活释放出光彩。很多时候，一个人只有抱着认真的态度面对生活，才能感受到生活的美好。

有这样一个寓言故事：两个犯人被关进了牢房，他们从牢房的窗子向外望去。一个人看到的是黑褐色的泥和高高的围墙，而另外一个人看到的是高墙之上明亮的星星。由于两个人心态的不同，第一个人持有的是一种消极的灰色心理，看到的自然是狱中生活的了无生气；而第二个人用阳光般的心态面对狱中的生活，看到的自然是星光万点的美好景象。最终，第一个人患上了严重的抑郁症，而第二个人则更加乐观地继续生活下去。

其实，一个人的一生，好比是经历了一次长途旅行，旅行过程中会遇到很多坎坷泥泞，但同样也会观察到数不尽的美丽风景。如果在坎坷泥泞面前停住了脚步，并被灰暗的风尘迷住双眼，就会失去斗志，这样的人生还谈何美好？但如果能保持一种积极向上的心态，即使我们处于异常艰难的环境中，也会有出现转机的一天。事实上，命运对每一个人都是公平的。只有那些积极乐观的人，才能寻觅到属于自己的那颗星星。

不可否认的是，人的一生中快乐和痛苦总是并存的。工作或生活中难免会遭遇到一些不尽人意的事情，比如生活中遭遇变故，工作努力得不到回报……如果一味地哀叹自己命运的不济，或者陷入无尽的痛苦中，让痛苦影响到自身的情绪变化，最终的结果只会让自己愁上加愁，甚至会消磨掉自己的斗志。如果长时间在这种不良的心态中生活的话，不仅会让人丧失对生活的信心，也会使人丧失努力拼搏的勇气和决心。此时，如果换个角度思考事情，比如遭遇车祸身体受伤时，想想自己的命还在，这样就可以减轻内心的痛苦，对发生的灾难也不再耿耿于怀。

当然，想要达到如此境地，需要个人的修养支撑。英国作家萨克雷说："生活就像一面镜子，你笑它也笑，你哭它也哭。既然这样，我们何不笑对人生？"要知道，快乐是生活的技巧，更是生命的本能。虽然每个人都有这样的意识，但并不是人人都能做到，比如工作中看到同事比自己取得的成绩多或领导表扬他人而没有表扬自己时，心里可能会不舒服，甚至滋生怨恨，致使自己不能快乐起来。在这种情况下，不妨换个角度来思考生活，多一些自我安慰，少一些悲观心理。如此一来，才能拥有良好的心态，看到漫天的彩虹。

千里之堤，溃于蚁穴

——慎独：分秒之间，细节决定成败

在工作、生活当中，有时一点点细微的情绪波动，都可能带来意想不到的后果。甚至是一些表面上看起来微不足道的事物，都会引发强烈的震动，并给人们带来灾难性的后果。所以，人们应该尽量避免负面情绪的出现。

1983年，爱德华·霍华德接受了CIA内部例行的测谎实验，负责人给他的判定是“不合格”。如果这样的结果成了定论，霍华德将会失去工作，所以他变得焦急起来。

“头儿，我觉得其中一定是什么地方出了问题，这种工具，也不一定是百分之百准确吧？”霍华德找到自己的顶头上司，希望对方能为自己说说情，再重新测试一次。但是，霍华德的运气很不好，他的上司有些不高兴地说道："测谎测试的重要性对CIA，乃至整个联邦的重要性都不言而喻，你能相信一个不诚实的人可以捍卫整个联邦的利益吗？"

"可是我不知道自己到底哪里做错了，测谎仪也不是百分之百准确的，这个大家都知道……"

"好了，不用说了，我们宁愿相信没有思维能力的仪器，你可以找其他工作去了。"

霍华德失去了工作，这件事对他来说非常恼火。于是他逐渐染上了酗酒的陋习，并被医院查出得了严重的肺病，生活乱成了一团麻。对此，霍华德并没有自我反省，而是将所有的责任都推到了将自己辞退的CIA身上。在他看来，如果不是那一次糟糕的测谎测试，自己或许还能拿着高薪，有着一份神秘而又稳定的工作呢！

更让霍华德难以接受的是，他的妻子玛丽·霍华德还在CIA工作。这样一种被公司开除依靠妻子生活的现状，对霍华德来说，无疑是莫大的耻辱。最终，在苏联间谍的引诱下，霍华德干起了出卖自己祖国的勾当——他暗地里为苏联情报机构效力，将一些重要信息拿去和对方做交易，以换取大量现金。

这样做的后果自然是非常严重的，1984年，美国当局安插在苏联的间谍系统遭到了极大的破坏，十多名资深间谍落网，美国对苏联方面的探查情况最终陷入了困境。这样一种被动的局面，一直持续到了第二年才有所缓解。1985年，从前和霍华德一起工作过的CIA工作人员无意间发现，导致美国陷入困境的原来是那个落魄的“无业游民”霍华德，所以，CIA悄无声息地对霍华德展开了调查，并进一步确认了他出卖联邦和战友的罪行。但是在这个时候，美国驻苏联的情报机构已经受到了严重的破坏，不少能力出色的间谍，都遭到了“就地处决”的悲惨命运。

2002年7月12日，逃至苏联17年的霍华德离奇地从楼梯上跌落，客死他乡。对于这样一个结果，外界自然将矛头和疑点指向他曾经效力过的CIA。由此，派遣刺客取人性命的言论，又让CIA陷入了风波中。毕竟当年的事情，已经过去快20年了，此时的霍华德已经步入老年，加上他一直存在的健康原因，他实际上也活不了多少个年头了。所以，霍华德的离奇死亡，又让美国当局承受了巨大的压力，甚至一些美国百姓都对此表达了不满，因为这件事如果真的是美国人自己干的，那么它就“太不人道”了。而英国贝尔法斯特女王大学教授吉斯·杰弗里就曾暗示，CIA很可能“替人背了黑锅”。因为他长期跟踪本国情报机构军情六处，所以对这些钩心斗角的事情非常了解。他说："如果美国中情局真的想要报复霍华德，为什么要等到20年之后呢？当年牵涉其中的人，大多数都已经隐退，甚至是死掉了，谁还愿意去算这样一笔旧账呢？更有可能的是，莫斯科的间谍们玩了一套嫁祸栽赃的把戏，他们暗杀了霍华德，因为这个时候，垂垂老矣的美国间谍霍华德，已经没有太大的利用价值了。"

从杰弗里教授的分析当中，我们可以从侧面得知，当时美国CIA在霍华德的案子上是处于被动局面的。实际上，在这一次斗争中，CIA和霍华德都没有得到什么好的结果。现在看来，如果在1983年的那一次测谎测试当中，负责人能够用一种更为耐心的情绪对待霍华德，那么这一切或许就会是另外一番模样了。

在最初的时候，霍华德想要上级对自己的情况重新做一下评估，但是由于受到个人情绪的影响，这名负责人并没有接受对方的要求。这样一来，情绪低落的霍华德便堕落了下去，而苏联人也因此钻了一个大空子——在霍华德的帮助下，美国中情局辛辛苦苦在苏联搭建起来的情报机构遭到了毁灭性的打击，一大批优秀间谍因此枉送了性命。很显然，这样一个结局对美国方面造成的经济损失已经难以用金钱来衡量了。

可以肯定的是，在这一连串的悲剧当中，霍华德和他上司之间那次不愉快的沟通是引爆一切的导火索。而这位上司糟糕的情绪，又成了推动整个事件向错误方向发展的源头。从这件事情上，我们同样也应该认识到这样一个现实，那就是人们在生活、工作当中，一定要控制好自己的情绪。因为在很多时候，一两句看起来微不足道的抱怨，无意的伤害性话语，都会引发灾难性的后果。就像霍华德和CIA一样，当事人的一点点情绪波动，最后竟然给整个联邦带来了巨大的灾难，而受益者却是自己的对手。

世间事皆有烦忧，不如静心于梦想之中

——沉心：生活从来不乏期待，沉下心来才能远离平庸

从旭日东升到朝霞西沉，人们从白天的奔波忙碌到夜里安静睡下，365个日夜，每一个人与他人似乎没有多大的不同。人们的生活周而复始地循环着，但当我们静下心来，客观冷静地观察每一个人，就会慢慢发现许多看似平常无奇的人正在一点点地散发着属于自己的光芒。

有人曾说人生的冷暖不过取决于心灵的温度，可在当下飞速发展的社会大熔炉里，人心早被炙烤得几近烧焦变形，所谓的匆忙，大多也不过是在这沸腾的熔炉里盲目地滚来滚去。

社会发展不断加快，使人们几乎24个小时都不停摆，似乎对社会来说，我们不需要静心，更多的需要是一心多用。

1805年出生在欧登塞城的贫民窟的安徒生，父亲是个有过志愿服役经历的穷鞋匠，母亲是受人雇佣的洗衣工。他的家虽然清贫，但好在父母健在，他父亲在工作之余会给他讲一些流传于民间的小故事，这使他感到简单幸福。然而，在他刚满11岁时父亲染上了疾病，不久就离开了人世。在他父亲去世不久后，他母亲就改嫁他人。这样一场突如其来的灾祸，让年纪尚小的安徒生过早地走入了社会，开始了长期的学徒生涯。或许是他父亲自小在他的心中种下了一颗向往艺术的种子，他14岁时终于下定决心结束了压抑的学徒生活，离开了自己的故乡，只身前往首都哥本哈根并进了一所歌唱学校学习。他终于开始了自己梦想中的生活，在哥本哈根皇家剧院当了一名小配角，但他穷困的处境依旧没有改变。后来，他的喉咙受到感染，不得不从歌唱学校退出。1822年安徒生得到剧院导演约纳斯·科林的资助，就读于斯莱厄尔瑟的一所文法学校，在学校里他总是因为自己的出身问题遭到同学们恶意的讥讽嘲笑。这所学校小小的图书馆，成了他唯一的慰藉，他全身心投入剧本创作，可是他的剧本没有被一家剧院采用。经受过太多苦难的他并没有因为被拒绝而就此收手，在不断地努力下，他写的《青年的尝试》一书终于得以发表。1828年他凭借自己的努力考入哥本哈根大学，毕业后的他主要依靠自己的稿费艰难维持日常生活，直到他的游记作品《1828和1829年从霍尔门运河至阿迈厄岛东角步行记》出版问世，他的才华才开始被社会承认。此时的他依旧没有放弃对戏剧的创作，经过8年的努力，他的诗剧《阿尔芙索尔》终于得以搬上舞台，他也因此得到皇家艺术剧院的重视，被送到斯拉格尔塞文法学校和赫尔辛欧学校进行历时5年的免费就读。自此之后，他的小说一经出版就受到广泛欢迎。1832年安徒生开始为孩子创作，在每年的圣诞节都会出版一本童话故事集，直到1872年因患癌症才逐渐搁笔。在他创作生涯的最后几年，他的童话故事现实成分愈发明显，着力描写底层民众的艰难生活，揭露讽刺社会的黑暗，其故事发人深省，也着实吸引了一批成年读者。

原本出身低微的安徒生，很可能会继续自己的学徒生涯过完平凡的一生。幸运的是，他选择了忠于自己的梦想，最终谱写出属于自己的动听歌谣。他的一生勤劳辛苦，如同一只不起眼的麻雀，用它独特的歌喉让人们深深记住了他的名字。

安徒生的一生一直过着简朴的生活，他只是安静地写作，名与利仿佛与他无关，他用这种笃定的生活态度换来一篇篇感人的文学作品，以及后人的景仰。一个懂得静心去追求自己想要的生活的人，才会得到生活如此无私的馈赠。

人生的际遇，请，未必会来；躲，未必能免

——面对：积极对待生活，再长的路也能一步步走完

美国心理学家埃伦·兰格博士说过："我们每个人的心里都有两个不同的能量区，一个是平静，一个是愤怒。一个人只有始终保持内心的平静，学会放下，才能激活和唤醒藏在他心底的正能量。"埃伦·兰格的意思其实就是要我们无论面对多么大的困难，都要让自己做到内心平静，因为一个人只有把握好了心态才能冷静地去面对困难，从而唤醒自己的正能量，寻找到解决困难的方法。如果无法把握好心态，那么只能越想越焦虑，让自己在痛苦和烦恼的泥沼里越陷越深，无法自拔。

在这方面，乔·吉拉德有着十分深刻的体会，虽然在他35岁之前所从事的40余个工作中经历了很多磨难，但乔·吉拉德却从没有抱怨过一句，因为他始终明白，一个人无论怎样去抱怨，也不会因此改变事物原来的运行轨迹。只有摆正心态，才能激活内心的正能量，通过自身不懈地努力去完成自己的人生追求，否则，只能是徒增烦恼。

乔·吉拉德之所以能够保持良好的心态，一切都源于他的家庭——从1928年11月1日出生后，似乎就注定了乔·吉拉德的童年要经受很多磨难。由于家境十分贫穷，9岁的时候，乔·吉拉德就在街上为行人擦皮鞋或是送报纸挣钱补贴家用了。尽管当时小小年纪的乔·吉拉德因此受了不少苦，但这毕竟缓解了一点他家的开支。都说穷人的孩子早当家，但早当家的乔·吉拉德却由于自己出去做童工而遭到了父亲的辱骂以及邻居们的歧视。其实，所有的这一切都只是借口，并非父亲与邻居们看不起早年懂事的乔·吉拉德，而是由于乔·吉拉德从小便有很严重的口吃。但所有的这些，9岁的乔·吉拉德都忍受住了，因为他得到了母亲的关爱与支持，他坚持不偷不抢，只凭借自己的劳动赚钱，所以尽管很多人看不起乔·吉拉德，但他觉得自己做的并没有什么不对，在他看来自己只不过是不想做一个好吃懒做的人而已。

乔·吉拉德在9岁的时候便遭遇了很多人也许一辈子也不

会经历的磨难，所以他才能够准确地摆正自己的心态，没有因此而去自寻烦恼。对于父亲和邻里们的辱骂与歧视，他也没有气馁，他要用事实证明给父亲和所有人看——他并没有做错什么。于是在随后的许多年里，只要一遇到困难，或是工作和生活中遇到了什么不顺心的事情，他总是会这样告诫自己——一定要成功。而这致使他无论遇到什么不开心的事情始终都会以积极的态度去面对，并为自己积攒正能量，所以高中没毕业的他便步入了社会，做起了各种各样的工作。尽管并不轻松，但不到20岁乔·吉拉德就已经能养活自己了。

乔·吉拉德35岁时在走投无路的情况下，做了一名汽车销售员。他在工作的第一天便卖出了一辆汽车，取得了令人惊讶的成绩，但随后乔·吉拉德的销售员工作却并不一帆风顺。在最初的三年里，他每天保持着积极的态度，为了不断扩大自己的客户群，经常到各种各样的场合去派发名片，还经常在一些热门球赛的观众席上，一整袋一整袋地抛洒自己的名片，引来了不少人的议论与白眼，甚至有人骂他“神经病”，但乔·吉拉德却并不在意这些。

在最初的日子里，乔·吉拉德所做的这一切没有收到什么明显的效果，但是达到了他的目的——在底特律很多人都知道了一个叫乔·吉拉德的年轻人在从事销售汽车的工作。有时候，乔·吉拉德也怀疑过自己，但很快他就把这种负面能量一举击溃了。针对每一次与客户谈判的情况，乔·吉拉德总结出了一些经验：

（1）别替自己找借口

比如，客户看中了某个款式的汽车，价钱谈好了，样车客户也试开过了，当客户付完款准备提车时，如果发现车库里已经没有这款车时千万不能为自己找任何借口——找借口不但不会让对方理解自己，反而会让对方觉得自己不守信。因此，遇到这种情况时，乔·吉拉德采取的做法通常是不停地向对方道歉，尽量以适当的折扣价卖给客户，货到后，当即亲自送至对方家中。这样一来，反而能赢得客户的信任。

（2）别忽视反馈信息

针对很多人只要交易成功也就宣告着这笔交易成为过去式的情况，乔·吉拉德经常对老客户进行回访，以期待从他们那里得到一些良好的反馈信息，从而不断地改进工作方法。

（3）别消极懈怠

乔·吉拉德认为，没有人愿意与一个整天愁眉不展的人去做生意，包括自己的同事和老板，所以他一直告诫自己每天都要面带微笑地面对每一位客户，始终保持一颗平常心去面对一切。

乔·吉拉德就是在这种理念的指导之下不断磨砺自己，一点点增强自己的正能量，使自己摆脱掉了那些消极想法。可以说，一个人一旦落入了消极思想的恶性循环中，那么这个人就会在不良能量的影响下自寻烦恼。后来的事实证明，正是乔·吉拉德每天都在心里为自己积聚一点正能量的行为，让他最终在入职汽车销售员的三年后一举成为美国汽车销售业无人能企及的人物——不仅受到了总统的接见，而且多次拒绝了其他公司的高薪聘请，直到他退休时依然是一名汽车销售员，但实际上已经没有一个人仅仅把他当作一名纯粹意义上的销售员来看待了。

心静下来，才能知足常乐

——知足：不知足则难修行，则乱心神

在当代人压力不断增大的情况下，许多人将“知足常乐”当作可耻的代名词，这实际上是人们对这个词语最大的误解。“知足常乐”一词源自老子《道德经》中的“祸莫大于不知足，咎莫大于欲得，故知足之足，常足矣”。

这里的“祸”对应不知足的底线，那么什么才会造成灾祸呢？答案是被贪婪蒙蔽了的双眼。所谓贪婪，即指永远无法满足的欲望，这种欲望不仅能使一个人坠入无底深渊，也能使一个国家在顷刻之间付之一炬。

谈及于此，我们不得不提起为了一个女人而祸害掉一个国家的历史人物——周幽王。他的妃子褒姒是他攻打褒国得来的“战利品”，或许是英雄难过美人关，得到褒姒以后的周幽王便再也不理朝政，他最后一次出现在朝堂上，竟是为了商议如何博得褒姒一笑。周王听从宦官的话，最终引发了“烽火戏诸侯”的荒唐闹剧，将国家的安危抛在了美女那如同昙花一现的微笑之后。当国家因此灭亡之后，褒姒也不知所踪。

像周幽王这样掌握着至高无上的权力的君王，如果不能控制自己的欲望，轻则可使国内的局面动荡不安，重则可使自己的国土荡然无存。换而言之，如果一个人有着许多不切实际的想法，那么他就会掉进欲望的陷阱。

在生活中，倘若仅盯着那些我们得不到的东西，忽视了自己已拥有的东西，拥有的越多，自己的心就越不容易得到真实的快乐。真正的进取也不应该是天天被物欲牵着鼻子往前跑，而是应该持有一颗平静对待生活的心，一步一个脚印地走好自己的路。

明朝有位名叫胡九韶的青年，整日里靠着给学堂教书、下地种田，才能勉强维持生计。然而，这个青年却非常感激这个世道，用他的话来说就是享了清福。

他妻子知道他有这个想法后，感到非常奇怪，问道：“我们每天只能凭借非常清淡的菜粥饱腹，怎么能说是享清福呢？”胡九韶听了妻子的疑问，反倒非常高兴地说：“我们生活在没有战乱的时代，有饭吃，有衣穿，没有饿死、冻死，家中没有一个人遭受牢狱之灾，也没有人因病卧床不起，咱们不就是享清福了吗？”

能静心过好自己生活的人，往往对自己有足够清醒的认知。胡九韶没有因为自己勤恳劳作只换得清贫生活而怨天尤人，是因为他对自己所拥有的和能拥有的万分珍惜。

真正的知足常乐并不是让一个人故步自封，或者不思进取，而是让我们以理性的态度去观望我们还能去得到什么，用感恩的姿态去享受我们目前得到的一切。

美国知名艺术家塔莎·杜朵的父母皆来自上流社会，塔莎要是按照原来的轨迹生活，本来可以生活得格外舒服，可是，她眼中最好的生活是在乡下的农村里。她从小的梦想就是开一个农场，为了完成这个梦想，她15岁就不再上学了，从那时候开始，她就开始逐渐接触务农的相关事宜。

结婚后不久，她就拉着丈夫来到一个古老的农场生活，这里没有任何现代设施，一切都要依靠人力完成。在这里，他们养了许多诸如牛、鹅、鸡、鸭这样的牲畜。因为没有水，她只能每天走到很远的地方去挑水，日子过得非常辛苦，但是她非常享受这种生活，并在这一时期，出版了自己的第一本儿童绘本《南瓜月光》。

家人的每一件衣服都由她亲手缝纫，面包都通过暖融融的烤炉烤制。在这个农庄的花园里，到处都能见到她亲手栽下的各种花花草草，虽然每天管理庄园的工作非常烦琐，但是她依然会抽出时间陪她的孩子玩耍，教他们各种礼节。

她亲手做了许多小玩偶，并为这些玩偶建立一个“邮局”，让孩子们能通过“邮局”与玩偶们沟通，始终保持一颗童心。再往后的数年里，她还和她的孩子们建起了一个木偶剧团，在附近的一些城镇进行各种演出。

塔沙·杜朵还有过想和丈夫与孩子们去更加偏远的地方居住的想法。她丈夫却对她的这种生活方式并不赞同，在携手23年后，他们终因对各自生活方式的不同选择和平离婚。

离婚后的她并没有因此放弃自己的想法，长期繁重的农活对她来说或许才是自己存在的意义。为了抚养孩了成长，她更加努力工作，10年出版了20本绘本，1971年她凭借《柯基村集市》获得了“女王终身成就奖”。

在56岁那年，她终于迁居到了自己喜爱的蒙特荒野，在这里，她的生活才算真正从头开始，塔莎用了30年的时间为自己打造了一个极具复古风的农庄。

几十年的劳作并没有使她变得苍老，她非常喜爱这样的生活方式，而在她的孩子们眼中，塔莎无疑是格外辛劳的。在塔莎看来，只有用自己的双手创造自己想要的生活，用知足的心态去迎接生活的挑战，她的内心才是富饶的、充盈的。

无论追逐怎样的生活，我们所面对的绝不只是单纯的美好，那些未知的遗憾和不足，也会时不时地使我们停下脚步。只有当我们将一颗心安静下来，仔细去倾听内心的呼唤，才能保持平和、知足的心态继续前进。

当身陷问题之中，只要有人开始过分计较细节上的缺失，他整个人就会陷入一种与自我心态僵持不下的纠结中，我们将这种不断追求欲望以获得自我满足的症状称为“完美型人格偏执症”。

看过《西游记》的人都认识唐僧这个人物，此人不仅有我们所熟知的爱唠叨型人格，还是一个十足的完美主义者。在悟空完成一次收走水妖的任务后，水中的千年老龟因为受了唐僧一行的恩惠，特意前来背他们师徒过河，并在这期间托唐僧向佛祖问一下自己还需要多久才能修得正果。在历尽八十难来到佛祖面前取了经书后，唐僧却忘记帮老龟询问得道的时辰。

在最后一难渡通天河时，因为没有完成老龟嘱托之事，老龟一生气将他们师徒四人连带着经文一起打翻到水底，师徒四人好不容易上岸后，唐僧看着自己历尽千辛万苦得到的经书被河水淋湿得不成样子，甚至残缺不全，心里非常悲伤。后来，徒弟孙悟空劝说道："师父，这也许是不碍事的，这天地之间本身就没有什么是圆满的，这最后一难，也许是为了映照这个道理。"这个时候唐僧才心疼地合上这些经书，继续上路了。

其实生活中的普通人何尝不像这些经书一样，多多少少都会有些残缺之处，但是如果只紧盯着别人圆满的地方，就永远体会不到自己所拥有的那些快乐。

处于清闲之时，学会享受悠闲的时光，便是对生活的一种尊重；身在繁华之地，能戒骄戒躁，从周边找到属于自己的乐趣，才能将生活过成自己想要的样子。

我们把一颗心静下来时，才会懂得自己到底得到了什么，能拥有什么。知足，是给予自己充分肯定之外，对现有生活的一种认可态度。学会适当地享受生活，就要以知足的心态体会生活，减少欲望，从而感受生活的美好。

Chapter 3

人格上的心理调节

每个人都有一种与生俱来的特质，这在于自身主动对各种环境信息的分类与处理，总的来说随着年龄的增长，由于受到周边社会的各种刺激，自身的一些不足就可能会轻而易举地显现出来。

虽然先天的环境会影响个人的行为和举止，但是也可以通过学习来弥补自身的不足，从而取得人格上的进一步完善和发展，并认识到如何运用自己的特质去实现人生目标。

学习任何事情都需要一个过程，也要付出努力，而想要通过学习完善自己的人格，首先要认清自己人格上的问题，这并不是一件容易的事情。很多人都是在经历了许多波折后，才愿意重新建立起对自己的认识，以防止自己再次陷入失败的僵局。

只是无论从社会发展速度上来讲，还是从自身发展的最佳时机来说，只有越早认清自己的本心，才会越容易让自己离成功更进一步。

攀比蒙蔽了内心那个最真实的自我

——低调：每一个饱满的麦穗都拥有一颗低调的心

最美的花朵是无声的，最深的大海是平静的。言语谦逊，为人低调才能更好地做人。低调的人往往拥有温和的人格，所以，在我们与之相处时会如沐春风，感受到他们的人格魅力。一个经历过挫折的人，更懂得低调做人，高调做事的道理。低调使人谦逊有礼，也往往会厚积薄发。以低调平和的心态去看待事物，以低调谦逊的态度去对待他人的人，必然会赢得他人的尊重。

曾经有位记者在街头随机采访了30名路人，向他们询问有关企业家的问题，其中每个人都被问到的一个题目是："你知道李健熙是谁吗？"结果让人瞠目结舌！有27位被采访者的答案是："不知道，不认识，没听说过。"有一个人回答："好像在哪里听说过。"只有两位打扮时尚，朝气蓬勃的小伙子回答道："知道啊！如果没记错的话，他应该是三星电子的会长吧！"只有两人知道李健熙的身份，而且这两个小伙子还对自己的答案半信半疑。虽然我们早就预测到了解李健熙的人会很少，但是我们不知道会如此之少。那么你知道李健熙是谁吗？他就是三星集团前会长，是三星集团创始人的三儿子。三星作为连续几年营业额超千亿美元的制造业企业，连美国通用公司都望尘莫及，这也正是它的可怕之处。李健熙作为电子产品龙头企业的总裁，为人还能如此低调，实属难能可贵。因为李健熙低调淡泊的性格，他和他的三星集团赢得了人们的认可。

有一副对联是这样写的，上联是：做杂事，兼杂学，当杂家，杂七杂八尤有趣；下联是：先爬行，后爬坡，再爬山，爬来爬去终登顶。横批是：低调做人。低调的人不炫耀，不显露自己的才能，他们总是默默地、一步一个脚印地踏实做事，静心钻研和学习。作为龙头企业的掌门人，都能淡泊明志、低调做人，我们普通人更应该做到不张扬、不炫耀。有句名言说："一滴水最好的去处是大海，我们每个人都是一滴水，大众才是一片海。"为人低调是一种修养，它让我们在成功时也能保持冷静的头脑；为人低调是一种胸襟，它让我们在被伤害时也能宽容忍让；为人低调是一种品格，它让我们在卑微时也能豁然大度。最重要的是，低调做人可以激发人们的潜能，因为低调不会引来过多的关注，所以才能使人静下心来蓄积能量，直到有一天，忽然被人们发现，他已经站到了高处。即便站到了高处，也依然要保持低调，不骄不躁。如果细心观察周围的同事朋友，可以发现，我们身边并不缺乏这样的人，即使他们拥有令他人羡慕的资源和财富，依然不卑不亢，平易近人；即使已经取得了一定成就，也依然低调做人，不忘初心。这样的人值得人们去喜爱和尊敬。

有个书生，自幼熟读唐诗宋词，聪慧过人。小小年纪便仗着自己有几分学识飞扬跋扈，走路都要挡在路中间。他母亲怕他长大后恃才傲物、目中无人，便想把他送到少林寺进修。她把自己儿子的情况告诉了寺庙里的师父，想让师父教他为人处世的道理，并叮嘱师父不要向儿子透露她真实的想法。师父笑着点了点头，便送她离开了。这位母亲回到家中，向书生提及此事，被书生一口回绝，他嚣张到连自己母亲的话都不放在心上！母亲故意说道：“只会念书有何用处？文武双全才是本事！”听到母亲说自己不行，书生立马被激怒，从板凳上跳起来，三下五除二地整理好自己的包袱，带着盘缠和干粮，一溜烟儿地跑出了家门，最后还留下一句：“等我回来，给您看看！”母亲向外一看，不见其人、只闻其声，满意地笑了。

书生到了寺庙，拜见过师父后，便踏上了学习武艺的路程。他是一个没有武术功底的人，拿着竿子只会比画，没有力道。师父让他每天扎两个小时的马步，他扎马步的时候，寺院里的人大都在修习经书。书生对那些人很不屑，心想：“哼，看看你们，净学些没用的，跟我比起来实在差远了！”每当大家休息的空当儿，书生就会卖弄一下自己的才情，用文绉绉的语言讲一些故事，有时还针砭时弊，大胆地发表一些想法。有些和尚被他的张扬唬得目瞪口呆，但有些和尚则认为他不过学过一些皮毛出来卖弄而已，所以书生的人缘很差。甚至有些弟子拉帮结派，排挤孤立他。师父发现后，就想好好教导他们一番。一日，师父先叫带头孤立书生的那个弟子与书生比功课，结果弟子败得一塌糊涂；师父又让二人比武，结果书生被打得趴在地上、爬不起来。于是，他们二人都知道自己错了，从此相互监督、一起改正。

书生高调炫耀自己的学识，不但没有赢得他人的尊重，反而遭到排挤，被看作是肤浅之人，最后在师父的引导下，才认清了自己的不足。做人高调不仅是修养上的欠缺，也是情商上的欠缺。正所谓“山外有山”“人难全才”，低调的人因为深谙此理，才懂得藏起锋芒，从而远离不必要的麻烦，专心做事。

那么怎样做才能成为一个低调的人呢？首先要有平和的心态，不骄不躁、不卑不亢。如果你是一个学识渊博的人，放低姿态才能受人尊重。一个学识渊博、低调谦逊的人，在与人交流时，即使他人描述的东西自己已经耳熟能详，也会洗耳恭听，等他人把话讲完，他深知对他人的尊重，就是对自己的尊重，因为你尊重他人，才会赢得他人的尊重；如果你的知识不够渊博，只是一个平凡的普通人，更要做一个低调的人，学会谦卑处事，懂得静待时机，将心思用在踏实做事上，用在学习技能上，学着虚心向他人请教，这样才能不断进步、一直向前。其次要有一个宽容的心态，宽容之心方显大家本色。低调的人同时也是宽容大度的人，他们无私奉献、淡泊名利。最后，学会低调还应注意自己的言行。做人不可恃才傲物，不可得意忘形，不要炫耀自己的成就，张扬炫耀的人，往往被人不屑。

法国思想家蒙田说过：“麦穗空瘪的时候，它总是高挺地昂着头；麦穗饱满的时候，它总是低垂着脑袋。”这句话形象地阐述了高调和低调做人所表现的内在和外在形象。但愿我们都能做一个饱满的麦穗，拥有一颗低调的心。

不要用烦恼解释生活，人生不如意之事十之八九

——无视缺憾：“美好”可以追求，“完美”却虚无缥缈

生活中的每一个人所要追求的目标和方向各有不同，但是人们往往抗拒不了“完美”的诱惑。古语云“人往高处走，水往低处流”，而人性本身也更加倾向美好的东西。

讨厌不完美的人性特点，很容易被心存不良的人利用，为了使食物看起来更加美观大方，一些黑心商家会往食物中添加色素，让食物的颜色看起来更加诱人，食物的味道稍显逊色，就会用各种香精、甜蜜素来弥补。

如果单纯从食物的外形和口感来看，这些的确满足了人们对完美的向往，只不过这样的完美是以损害人的健康为代价的。

世界上没有两片叶子是完全相同的，每片叶子都各有各的美丽，我们找不到完全相同的两片叶子，同样，我们心中的那种完美形象一样难以寻觅。

有个渔夫在一次出海打鱼的时候得到了一颗漂亮的珍珠，他非常高兴，捧在手里欣赏了许久后，发现珍珠上有一个黑点，渔夫感到非常惋惜："要是这个珍珠没有这个污点就好了。"

渔夫开始用他能想到的所有办法去抹掉珍珠上的黑点，在他的不懈努力下，黑点终于被消除了，但是他手里的那颗珍珠也因为他的不断打磨，只剩下一点粉末。

其实我们身边的很多人就如同这颗珍珠，都有自己闪闪发光的一面，也会有自己的不足和短处，当我们只是一味地去苛求自己或别人必须达到这种完美，就会错过对周边美好事物的欣赏，失去生活本身的乐趣。

一个圆在一次游玩的过程中，不小心将自己的一小部分丢失了。它非常不适应丢掉一小部分后的生活，就下定决心去寻找丢失的部分。有所残缺的圆因为没法走得太快，它一边寻找自己丢失的部分，一边观赏路边的风景，偶尔也会和从身边飞过的昆虫聊天，虽然这样的生活令它感到非常惬意，但是它从来没有想过放弃寻找自己丢失的那一部分。

它执着的意念终于使它找到了自己丢失的部分，这一刻，它又恢复成了一个完整的圆。它往前走了一步，刚要放声歌唱，就不受控制地滚动了起来，它虽然通过努力完成了愿望，却因为自己过于追求完整，并不能好好享受周围的快乐。

这个圆觉得这样的完整并不会让它感到快乐，就又毫不犹豫地丢掉了刚刚找到的部分，重新做回了那个快乐的自己。

每个人每天所拥有的时间都是有限的，假如我们每一件事情都渴求完美，那么一天24小时显然是不够用的，甚至我们的时间都会用来纠结这一件事情，使人生只剩下看不到尽头的繁忙。

有个想要创业的青年，打算先以电话营销的方式进行招商，他的朋友听了他的打算后，建议他每周统计一下相关人员在招商过程中的困难和不足，然后将这些信息重新整理后，再给他们一个统一的答复，以便使大家的工作效率得以提高。

这个青年也觉得他同事的提议非常不错，就立即采纳了这个建议。每周他会让员工将工作的不足汇报上来，再由他进行相关的汇总。可是好几周过去了，这个青年不但没有将更好的方案分发给员工，他所有的时间也几乎被处理这些问题所占据了。

他接到这些相关问题，首先想到的不是怎样尽快处理掉这些问题，而是如何将这些问题用最完美的方式表达出来，而他总是对自己想出来的方式不满意，以至于问题越积越多，公司的经营也日渐艰难起来。

他的朋友听说后，连忙劝他先去实行那些已想好的办法，让公司运转下去再谈及其他，而这时青年什么也听不进去，依然沉浸在整理信息的工作中，没过多久，公司就因为经营不善倒闭了。

古人为了研究战胜敌人的策略，创造出三十六种对敌方法，然而也只有将这些对敌方法做到活学活用，才能在战场上派上用场，如果将这些技法进行深入的研究，又会从每种方法里找到各自的不足。

这就好像我们每个人自身的特质一样，每个人各自具有的特点都是不同的，我们能从自己喜欢的人身上发现自己并不喜欢的一面，也能从自己不喜欢的人身上找到令我们欣赏的一面。

就世间万物本身而言，并没有什么东西是完美的，杨丽萍会为了自己的舞蹈梦想，多年坚持滴米不沾；不老美人林青霞会为了保持自己的良好身材，一直坚持着长期游泳锻炼。可即便如此，这些站在耀眼镁光灯下的明星，仍有很多人不喜欢他们。其实这个世界上并不存在真正完美的事物，有些东西的存在是胜在朴素，当它过于华丽的时候，就离它崩坏的大限不远了。

有个喜好弓箭的人，用上好的黑紫檀木做了一把弓，每次使用这把弓射箭总是百发百中，这人每次出去与朋友打猎游玩，都喜欢带上这把弓箭。一次，他在家中随意把玩这把弓时，才发现这把弓的外观非常简单，于是想："这样好的一把弓，没有好看的外形实在太可惜了！"想到这里，他赶紧请来最好的艺术家在弓上进行雕琢，不一会儿，他的弓上就出现了一幅壮观的行猎图，看到自己的弓箭变得漂亮后他非常高兴，可当他刚拉开弓，弓却直接绷断了。

在这个不断强调细节决定成败的时代，追求完美也许并没有什么错误，但凡事过犹不及，在一个团队中，如果一个人过分地追求形式上的完美，往大的方面说，会使集体的协作活动变得举步维艰，往小的方面讲，等于自讨苦吃。

如果我们只是一味地追求所谓的完美，而不会静心享受生活中的美好，那么就不会感受到真正的快乐，甚至到了最后只会落得个"竹篮打水一场空"的下场。

人能相处是有缘，不要计较不要攀比

——修心：嫉妒的人常自寻烦恼，这是他自己的敌人

嫉妒会让人醋意大发，妒火中烧，它不仅会对他人造成伤害，如造谣中伤他人，以卑劣的手段对他人进行侮辱报复，等等。还会给自己带来精神上的折磨。

法国心理学家雅克·韦尔热通过研究发现，大多数的悲情浪漫主义者都有一个共同的性格特点，那就是容易嫉妒。悲情浪漫主义者是非常自我的人，一个非常自我的人往往就很自恋，认为自己是最好的。于是一旦这种人身边出现了一些比他优秀的人，他们就会在心理上不知不觉地产生嫉妒，而且在嫉妒的基础上很容易产生抑郁。由此可以说，嫉妒是悲情浪漫主义者陷入抑郁的元凶。

嫉妒是影响一个人心理健康的最大敌人，因此，心理学家们认为，人不仅要树立一种正确的心理观念，还要尽量消除嫉妒心理。然而在悲情浪漫主义者的心中，嫉妒已经成为一种深深地嵌入了他们的骨子里的性格。这种人自我个性强烈，心理上几乎容不得别人的好。有时候嫉妒对他们来说，更是一种恨，这种恨让他们饱受痛苦。巴尔扎克说过："嫉妒者所承受的痛苦远比任何人承受的痛苦要大，他自己的不幸和别人的幸运都会让他痛苦不堪。"嫉妒带给悲情浪漫主义者的痛苦非常巨大，所以他们会因此陷入抑郁中，为此，希腊的安提斯德曾经将嫉妒称作人类思想的"腐蚀剂"。

嫉妒这东西对悲情浪漫主义者来说，无疑是最大的利剑，而这把利剑正是用来刺伤自己的。

有一只老鹰总是嫉妒别的老鹰飞得很高，一次，它遇到了一个猎人，对猎人说："我想请你帮个忙，你帮我把天空中那个飞得最高的老鹰打下来。"猎人听后说："没问题，但是你要给我一些你的羽毛，我才能帮你。"老鹰于是就拔了几根羽毛送给了猎人，但是猎人这次并没有将天上高飞的老鹰打下来。后来猎人每次都向老鹰索取身上的羽毛，直到有一天，老鹰将自己身上的羽毛全都拔光了，猎人也没有帮它，但此时它已经不能飞翔了，于是就成了猎人的美味。

从这个寓言故事中可以看出，嫉妒对自己的伤害才是最大的，所以，悲情浪漫主义者因为嫉妒大都陷入抑郁之中，甚至有的人最后因为抑郁而终。

嫉妒心理，人们尚且可以理解，但是对一个悲情浪漫主义者会因为嫉妒而陷入极度的忧郁中乃至抑郁而终，人们就有些不太理解。曾经有人就这个问题请教过亚里士多德："为什么容易嫉妒的人会身心不快，乃至郁郁寡欢呢？"亚里士多德回答说："这是因为嫉妒折磨的不仅是他们的身体，更多的是心灵。"悲情浪漫主义者通常将嫉妒隐藏在自己的内心，而表面上却不承认自己有嫉妒的心理，刻意予以掩盖，导致自己经常处于焦灼不安和痛苦之中。

悲情浪漫主义者在面对那些比他们更有成就的人时，内心会处于极度压抑的状态，这种人总是将自己的全部心思用来窥视他人成功的背后是否有什么不可告人的秘密，总想找出他人的不足，或者希望他人失败，以达到心理上的平衡，这其实是一种非常无聊的消耗。这样的行为会让悲情浪漫主义者的身心疲惫，长此以往，难免会产生心理抑郁。

美国著名的女诗人西尔维娅·普拉斯是继艾米莉·狄金

森和伊丽莎白·毕肖普之后最负盛名的美国女诗人。这位富有传奇色彩的女诗人被人们称为浪漫主义的代表，同时又是极端主义的代表。从性格上来讲，西尔维娅是一名典型的艺术型悲情浪漫主义者，她的生平经历都离不开极端、嫉妒、抑郁和自杀。

西尔维娅生来就有艺术家和诗人的灵魂，然而嫉妒也成了她与生俱来的性格之一。西尔维娅的父亲奥托·普拉斯是一名德国移民，他主要研究野蜂，还曾经发表过诸多关于黄蜂的著作，因此西尔维娅被人们称为“黄蜂之女”。然而，她的父亲在她8岁那年就因病去世了，这对幼小的西尔维娅来说是个不小的打击。西尔维娅从小就有严重的恋父情结，她崇尚死亡，渴望获得与世界割裂的强烈感受，这对她后来的诗作风格产生了很大的影响。

后来西尔维娅凭借出色的成绩考取了美国最大的史密斯女校，在那里，她渴望成功，却又嫉妒别人的成功，而且她十分爱幻想，但预想中那犹如海市蜃楼般的美好却始终不能现身，她为此十分忧郁和沮丧。在被哈佛大学的诗人研修班拒绝后，她的精神更是一落千丈，她嫉妒别的诗人拥有幸福和幸运的人生，这种嫉妒让她饱受忧郁之苦，受尽了心理上的折磨。

于是在1953年，她选择了自杀，但是这次自杀并没有成功。虽然自杀没有成功，但是因为自杀，她得到了人们更多地关心和眷顾，这让她在心理上得到了一丝平衡，她的嫉妒心理也逐渐得到了修复，但这并不代表着她从此不再嫉妒。

1955年，她遇到了自己的另一半——英国著名诗人特德·休斯，西尔维娅与休斯的爱情故事可谓非常传奇，两位伟大的诗人在一定程度上都被对方的魅力所吸引。但是西尔维娅经常因为休斯身边的女人而产生嫉妒，这种嫉妒让她的心理变得十分忧郁。好在休斯是一个对西尔维娅十分忠诚的人，所以他们两个人在一定程度上达成了一致，1956年他们在伦敦举行了简单的婚礼，西尔维娅的内心再次得到了极大的满足和平衡。

结婚后的西尔维娅与丈夫过着简单且快乐的日子，刚结婚的两年是他们最幸福的时光。但是两年后，休斯的行为也验证了一个道理：天才艺术家或诗人往往不是理想中的好丈夫。休斯每去一个地方都能引起女人们的仰慕和嘉许，而休斯再也抵挡不住那些女人的魅力。于是，西尔维娅开始了无尽的怀疑和嫉妒，这种嫉妒心理又让西尔维娅的忧郁死灰复燃。后来他们的女儿和儿子相继出生，这更加剧了西尔维娅的忧郁，她一开口就是嫉妒和抱怨，而且还攒不住钱，常常是一有钱就挥霍一空。丈夫休斯见此状况，更是极力地避开她，经常独自外出找乐子。

后来西尔维娅发现自己的丈夫与一个叫阿西娅·古特曼·魏韦尔的加拿大诗人厮混，这一发现引发了西尔维娅空前强大的嫉妒心理。1962年9月，西尔维娅和休斯离婚，但是这并没有治好她的抑郁和嫉妒，她彻底地陷入了忧郁症之中。在她最后的一年里，她完成了她人生中最著名的诗集。1963年，她在伦敦因抑郁症自杀于自己的公寓中，年仅31岁。

由此可见，嫉妒是悲情浪漫主义者陷入抑郁的最大元凶，它严重危害了悲情浪漫主义者的身心健康。嫉妒似乎成了这类人隐藏在心里的一种性格特点，忧郁却成了他们最明显的外在表现。

一般情况下，如果嫉妒情绪过于严重，就会因需要不能得到满足，而产生强烈的挫折感，这种负面能量在心里不断积累，就会引发严重的心理失衡，从而导致情绪冲动，做出不理智行为。

相信自我，是成功的开端

——暗示：除了你自身，没人说你不可以

人的性格经过长时间的熏习而成，而心理暗示在性格的养成中发挥着极为重要的作用。心理暗示分为积极和消极两类，如果一个人从小受到积极氛围的熏陶，那么他多半会变得积极乐观，气场也会不断地强大；反之则会变得心理阴暗。人在小时候受到的心理暗示往往来自家长的言传身教、成长环境的熏陶和生活的历练。一个人长期生活在怎样的大环境里，就会决定他会变成什么样性格的人。家长如果总是唯唯诺诺、安于现状，那么给孩子的暗示就是“不思进取”，孩子容易养成懒散、不求上进的习惯。小时候受到过多的消极心理暗示，往往会使孩子成为消极的人，这样一来，他们对待生活的态度就

会消极悲观，气场也会减弱。

人的性格与小时候的成长环境密切相关，小孩子往往是被动地受到来自大环境中的氛围感染。但是当人不断成长，就会出现自己主动向自己“说话”的反应，这就是人主动做出的心理暗示，称为“自我暗示”。自我暗示对人的性格养成具有影响，对人气场的修习也有着直接的作用。

美国第一心灵励志大师皮克·菲尔博士说：“若暗示一个颓废的人即将转运，他多半会比从前更加积极。而变得积极，肯定会给他带来一个美好的转变。当然，他的气场也会随之完成转变。”但当一个人不断地对自己予以否定时，他会陷入较为危险的自我否定的泥潭而久久不能自拔，由于他给自己的心理暗示是消极的——我一无是处，这样一来，他的气场就会变得越来越弱。而积极的人却总是能在困难的状况中，为自己寻求积极的心理暗示，增加自己成功的气场，从而顺利地解决各种问题。

为了证明“心理暗示”的作用，心理学家做过一个实验——找来一批学生，将他们分成三个小组，进行“投篮”练习，每组10人。让第一个小组的成员采取自由投篮的方式练习；第二个小组的成员采取每天下午固定投篮一小时的方式练习；第三个小组的成员无须带球练习，只是在头脑里回想和模拟投篮的姿势、动作。一个月后，心理学家将三个小组的成员召集起来，热身过后，让各个小组中的每一名成员依次轮流投篮。为了公平起见，投篮进行了三轮，每轮中每一名成员都要投5次球，这样每个小组的所有成员就共计投了150次球。最后的结果是，第三小组的成员投入了62球，第二小组的成员投入了57球，第一小组的成员只投入49球。

心理学家仔细地分析对比这一结果后得出：第三组成员之所以投篮命中率更高，是因为他们虽然一个月没有切实投球，但是他们在心理暗示自己投的球肯定会进篮筐；而第二组成员的投篮成绩居中，是因为他们之前就是采取固定投篮的方式在练习，能够较稳定地提升自己的水平；第一组成员的投篮成绩最差，是因为他们在听到“固定投篮”的瞬间，就给了自己一个类似于“糟糕，之前一直是练习自由投篮，现在要进行固定投篮，肯定不会有好结果”的心理暗示。第三组成员是给自己积极的心理暗示，而第一组成员却是给自己消极的心理暗示，两种不同的心理状况，直接导致他们在试验中的气场有所差别，最终也如实反映在投篮成绩上。

在案例中，即使在第一组和第三组内部，投篮命中率也有较大的差别。心理学家在仔细观察和分析了差距较大的几个人后，发现他们的投篮水平其实是不相上下的，只是有的人性格积极，有的人性格消极。第三组中有人心理暗示自己“一个月都没碰过球了，肯定投不中”，而第一组中有人却在心理暗示自己“连自由投篮都可以中，固定投篮更简单”，两种不同性格的人，给自己的心理暗示不一样，必胜的信心就相差很大，因而投进框的球数也有较大的差别。

心理学家总结说，大环境会带给人一种普遍的心理暗示，但是由于每个人的性格不同，给自己的心理暗示也会有明显的差别。积极的人即使在不利于自己的环境中，也会给予自己积极暗示使自己重振信心；消极的人即使身处较为有利的环境中，也只会给予自己消极的暗示，让自己继续灰心丧气。

同时，心理学研究还指出，积极的自我暗示，能令一个人保持好的心情、乐观的情绪，从而调动人的内在因素，使其主观能动性发挥得更极致；而消极的自我暗示则会对自己个性中的缺点和不足给予强化，将内心深处潜藏的自卑、懦弱和嫉妒等不良情绪唤醒。由此可见，自我暗示对人的情绪状态的影响很大。

美国著名心理学家马克斯威尔·马尔兹说："我们的神经系统是很'蠢'的，肉眼看到一件令人喜悦的事，它就会做出喜悦的反应，而看到令人忧愁的事，它就会做出忧愁的反应。"积极的人不会总将目光停留在让人忧愁的事情上，消极的人则会死死地盯住它不放；积极的人会在喜悦中提升自己追求美好生活的信心，消极的人却在忧愁中慢慢丧失信心。

阿黛拉是一家大型企业市场推广部的职员，一天，她接到部门主管的任务：为下月的市场推广活动拟定一个方案，越具体越好。刚开始，阿黛拉对自己的能力不是很有把握，于是战战兢兢地跟主管说："我担心自己不能高质量地按时做出方案，我觉得劳伦在这里工作的时间比我更长，他应该更适合。"主管并不同意阿黛拉的看法，他说："安排你做，就是对你能力的信任。"阿黛拉听到主管的话之后，回想起之前与同事们合作时，自己总能很好地完成工作任务，于是就积极地暗示自己"一定可以完成这次任务"。阿黛拉果敢地对主管说："谢谢主管，我一定能够完成这次的方案。"最后，阿黛拉成功设计出市场推广方案，活动办得也很成功。正是因为阿黛拉是个积极上进的人，所以她受到主管的鼓励之后才会立即给自己积极的心理暗示，从而在接受任务时气场很足。

可见，积极的心理暗示是多么的重要。它不仅能维护一个人的气场，还能提升一个人的个人魅力，从而成就强大的气场能量。心理分析专家认为，利用积极的心理暗示，不仅可以让人们获得更强大的自信，还可以有效地减少社会犯罪率。

为什么你的专注不够“火候”？

——耐心：一颗没有耐力的心，自然办不好一件持久的事

想要在一方面取得一定成果，就要给予生活中的核心足够的关注度，如果说我们要做一套热狗产品，首先要关注的就是我们是否能把热狗做好，至于其他相关方面如产品造势、怎样包装品牌等，反而应该降低对这一系列的精力牵扯。

当一个人分散精力去做更多的事情，即便这个人能力很强，只要没有足够的耐心和专注力，就不可能把事做好，只有真正尽心地投入到一件事情中去，才有出现更多奇迹的可能。

我们周围有太多五彩斑斓的事物，多到我们用一生的时间也未必能将它们看遍，我们有着无数的向往，却总是忘记去拷问自己的内心到底想要什么，我们能做什么，能为此投入多少精力。

在一个看似平常的一天，某个围棋俱乐部正在举行围棋比赛，在此期间一名教练发现围观的群众中还有一个孩子，他走到孩子旁边正要提醒他离开时，才发现这个孩子不吵也不闹，一直目不转睛地盯着选手的棋盘，直到比赛结束后才一个人默默离开。第二天的比赛小男孩依旧如期而至，和昨天一样一直盯着棋盘，这个男孩高度的专注激发了这名教练的兴趣，他甚至相信这样专注的孩子一定是棋盘上的好苗子。于是，他收男孩为徒，这个专注的孩子就是常昊，也正是凭借这样专注的注意力，三年后，他在全国“棋童杯”比赛中获得了冠军，并与日本棋圣在让他四子的比赛中大获全胜。

是否能专注去做一件事，也是心灵健康的一项重要指标。当一个人将自己的全部精力集中在一件事物上，那么这个人就是从内心热爱这项事物，并愿意将所有精力投入其中，不会被其他事物干扰。

每个人都有自己需要去努力专注的方向，只是因为每个人专注的方向有所不同，所以有的人步伐会快一些，有的人一开始步履蹒跚，但是逐渐地也会越来越快。

专注去做一件事的过程其实就是不断收获的一个过程，当我们耐下心来沉浸于其中就会发现，播种希望比寄希望在别人的给予上更快乐。

有人阻挡不可怕，切勿自己先投降

——看淡：天生我材必有用，千金散尽还复来

在大多数情况下，物质生活富裕的人会更容易战胜自卑心理。相对来讲，物质生活匮乏的人在战胜自卑心理时则会遇到较大的麻烦。如果物质生活匮乏的人追求的恰恰是物质生活，那么自卑的种子很可能会在他的心里生根发芽。当然，物质生活是我们生存的基础，每个人都有追求的权利和自由，但是这里面存在一个尺度问题。由于人们自身欲望的天然驱动，这种尺度的失衡很可能会让人陷入无法自拔的物质陷阱，最终不可避免地被自卑心理所笼罩。

一个人如果产生自卑心理，其行为上的负面表现是显而易见的，并会对他的人生产生深远的负面影响。德国著名哲学家黑格尔说过："自卑和懈怠是一对孪生兄弟。"也就是说，人们在产生自卑心理后，最显著的表现就是对眼前事物采取消极心态。众所周知，在战争中，最重要的取胜因素就是士气。气势如虹，军队就将战无不胜。但是如果士气衰败，那么失败的结局就已经注定。我们每个人在面对自己的人生时同样如此，一个人是积极努力还是消极怠工，对结果的好坏是不言而喻的。也就是说，一个人即使才智平平，只要他积极乐观，努力经营，经过长久的积累还是可以取得一定成功的。但是，如果一个人能力超凡，却被自卑的阴影笼罩，成功也不会眷顾他。从心理感受的层面来讲，一个自卑的人必定是苦闷的，甚至是沉默寡言、与世隔绝的。而一个没有被自卑心理笼罩的人，则会是乐观向上的，就算没有取得大的成绩，也可以把快乐传递给身边的每一个人。

自卑心理会让人变得过于敏感、锱铢必较，往往别人的一句无心之言，也会让他反复琢磨，而一旦对方触及他的敏感之处，他就可能进行言语上乃至肢体上的还击。可以想象，正常的人是很难接纳这种人的，所以自卑心过重的人往往形单影只，很少会有朋友。这样的境遇显然是比较阴郁的，自然也会让自卑者遇到任何事情都会往消极的方向考虑，即使再怎么美好的事物，在他们眼中，其美好的程度都会大打折扣。具有自卑心理的人为了能够更好地进行自我保护，会习惯性地把自己封闭起来，久而久之，就会跟社会脱节，渐渐地会对事物失去兴趣。一个对世间万物都不感兴趣的人，自然会顾影自怜，觉得自己是全世界最不幸的人，如果情况发展到极端，很可能会出现轻生的念头。

另外，自卑心理对我们的身体健康也会产生负面影响，而且因为病症滋生的原因是长期的心里苦闷积压，所以会比较严重。通常来讲，我们的生命是由心理和生理两部分组成，但是这两部分并非独立存在，而是有着千丝万缕的内在联系。简单来讲，当我们的身体被病痛困扰的时候，情绪会非常低落。同理，当我们的心理处于长期的自卑状态时，身体的各项功能就会处于高负荷的运转状态，尤其是一些和情绪密切相关的内分泌系统，会承受正常状态下数倍的工作压力。而这些系统同时又担负着身体各个方面的调节功能，长此以往，自卑者的身体必定会出现大面积的病状。而且这里同样存在着一个恶性循环，即如果行为者不能有效调节自己的心理状态，那么自卑的心理会对身体产生负面影响，而糟糕的身体也会让自卑心理进一步加强，最终导致整个人生都灰暗阴蒙。

2004年，云南大学发生了一起轰动全国的大学生杀人案。让人难以接受的是，作案人马加爵是一名品学兼优的好学生，曾经被评为省级三好学生，而他所杀害的对象，就是和他同宿舍的几名同学。马加爵来自一个农民家庭，聪明懂事，学习成绩非常优异，父母都是憨厚朴实的农民。中学时代由于马加爵的同学都是和他境遇相同的农村同学，所以他没有什么心理负担，不但和同学们快乐相处，还用优异的学习成绩为父母赢得了“无上荣耀”。到了大学后，城乡学生之间的天然差距开始影响马加爵，同时也让他产生了严重的自卑心理。2004年2月13日至15日，失去理智的马加爵先后将欺辱过他的三名同学残忍杀害，并将尸体藏于宿舍后出逃。由于事件影响太大，马加爵的犯罪心理引起了国家有关心理研究部门的注意，并派出专员与马加爵进行了谈话，发现导致其走上不归路的最主要原因就是进入大学后一直伴随着他的自卑心理。

从心理学角度来讲，自卑是一种行为受挫后的心理障碍，大多数情况下会随着时间的推移在无形中化解，尤其是在困难或者问题解决后，产生的心理障碍也会烟消云散。以一般的应届大学毕业生为例，在初出校门之际，每个人几乎都是一副跃跃欲试的姿态，认为自己学业有成，可以开拓一番事业了。但是，大学生找工作其实已经渐渐成为一个社会难题。如果没有机遇，想要找到一份和自己专业对口的工作，或者是找到一份自己满意的工作是十分困难的。于是，很多大学生都会不可避免地遭遇挫折，这时候，部分没有社会经验的大学生就会被自卑心理所困扰。因为他们的眼光会自然而然地锁定那些已经获得好工作的同学，然后又不假思索地将自己的困境归结为对方占有更好的资源，实际上这就是陷入自卑的一种心理表现。专家提示，大学生在择业过程中应该保持良好心态，用长远目光来制定人生的职业规划，并且不要怕从最低端、最底层的工作做起，相信“天生我材必有用”，必要时，可以向相关专业人士寻求帮助。

处理相关的心理问题时，我们还应该具有这样的基本认识——严重的自卑心理其实是自尊的过度表现。例如，当某件事刺痛了我们的自尊心时，我们应该知道这件事不过是整个人生中的沧海一粟，和整个人生比起来，它根本不值一提。而刺痛我们自尊心的对象可能是我们根本就不在乎的人，甚至是我们厌恶和痛恨的人，根本不值得对他们产生如此强烈的反应。如此一来，自卑者就应该可以看清，如果因为这一件事、一个人而做出了影响自己一生的决定，必定是不恰当的。我们应该知道，获得自尊的方法有千万种，其中最愚蠢的方法就是直接向对方发起攻击。因为这样不但对解决问题没有任何实质性的帮助，还会加重和激化矛盾，使自己受到更加严重的心理伤害。所以每个人都需建立自己强大的精神信仰，明确自己想要达到的人生目标，这样一来，对目标以外的人和事，就可以坦然处之了。

其实，自卑心理和自尊心理有一个最简单的区分标准，那就是我们的心态是否平和。自尊是一种心胸坦荡的“修为”，它绝不仅仅是一种寻求自强的“心理法术”，更是一种寻求内心宁静的精神慰藉。所以，当我们的自尊心被刺痛，并产生了激烈的心理反应时，首先应该弄清楚对方是否存心想要激怒我们。如果不是，对方很可能是无心之举，完全不必与之计较。如果对方是存心想要激怒我们，以达到羞辱我们自尊心的目的，那我们就更不能发怒了，因为那样不正中对方的下怀了吗？自尊心能为我们带来阳光、开朗、快乐和幸福，使我们不会因外界的客观人事变化而影响自己的心理活动。而一旦这种情况发生逆转，即自尊心为我们带来了愤怒、激动、痛苦，那么自尊心很可能已经偏离轨道，演变成了自卑心理。

Chapter 4
生活中的静心之道

生活像一个搞怪的孩子，在我们前进的道路上，时不时丢块“石头”，时不时弄朵“乌云”，而你却对他无可奈何，只得打碎了牙齿往自己肚子里咽，不过我们还可以将这些“石头”和“乌云”抛到视觉以外，在一个安静的环境里，将自己心里面的委屈尽数驱赶，让自己的心灵彻底清空。

有时候，人们为了自己的未来，不得不在生活中煎熬挣扎，在艰难中默默向前。过去的苦，现在的累，未来的辛劳，当看到自己身边的一张张笑脸的时候，身体上的疲惫和心灵上的煎熬都会像三月的积雪一般，被温暖的阳光消融。

在生活中静下心来，仔细领悟那些我们忽略的美好，静下心来，用自己的双手把心中的梦想一点点带到现实中来，对那些不属于我们的就让它随缘而去吧，敞开胸怀，只为等待属于自己的那份精彩，找到前方的路，潜心向前，走向自己的未来。

梦想不应埋于心底而扰乱心神

——实践：幻想只会令梦想沦为一场梦

人对未来的幻想，没有一刻停止，也正是对未来有太多的期许，才有了未来的精彩。幻想如果不结合实践，只能成为脑海中的一个泡影，美丽却虚幻，永远照不进现实，反而会扰乱自己的心神，使自己不得安宁。大海经过暴风的洗礼才会出现湛蓝的颜色，梦想只有经历过实践才会绽放出属于它的光芒。

意大利著名航海家哥伦布在发现新大陆之后，参加了西班牙的一个欢迎宴会。有一位贵族在宴会上大放厥词："发现新的大陆这件事情，谁都可以做到，没有什么了不起。"这让原本热闹的宴会气氛一下子陷入了尴尬，瞬间所有人都安静了下来。

可是这位贵族似乎没有意识到现场的尴尬气氛，继续口出狂言道：“哥伦布只不过是乘坐着轮船向西航行，在海洋发现了一块新的大陆而已，我相信无论是我们之中的任何人，只要也向着西边，同样也可以做到这件微不足道的事情。”

哥伦布对这位贵族的“高论”没有发表什么看法，也没有反驳，只是随手拿起一个熟鸡蛋，向着在座的宾客问道：“我们来玩个小游戏吧，看谁能将这鸡蛋用小头在桌子上立起来。”在座的宾客纷纷尝试，可是无人能够成功。

此时这位贵族又质疑道：“让这圆润的鸡蛋在平滑的桌子上立起来根本是不可能的。”这时只见哥伦布拿起手中的熟鸡蛋，砰的一声，将小头磕碎，这颗熟鸡蛋便立在了桌子上，在场的人恍然大悟，立刻爆发出热烈的掌声。刚质疑完哥伦布的那位贵族很不服气，又说道：“你把鸡蛋磕破，当然可以将鸡蛋立起来，要是这样，我也可以做到。”

哥伦布起身环顾了一圈周围的人，很有风度地轻声说道：“这世间的事情都很容易，我和你的差别就是我去做了，而你至今没有。”

欧洲有句谚语：“空有言语没有行动的人，犹如杂草丛生的花园。”这个世界上没有什么困难的事情，只是有的人去做了，而有的人还在那里观望，然后大言不惭地说我也可以，却永远不会踏出行动的第一步。

从前有两个和尚，一个富和尚，一个穷和尚，这一天穷和尚对富和尚说："我想去南海，你看怎么样？"富和尚听完哈哈一笑说道："我想去南海已经想了好几年了，可是旅费一直没有筹够，才没有行动，我都去不成，你怎么去？"

穷和尚微微一笑："一双腿，一个钵盂就足够了。"说完向富和尚辞行西去。一年后，穷和尚从南海返回，还给富和尚带来礼物，富和尚看穷和尚真的从南海返回了，一句话也说不出来，羞愧难当。

没有经过思考的实践是鲁莽的，却是有希望实现的，而没有实践的空想只是虚度光阴，一切都还在起点上。我们都曾有过自己的梦想，可是最终却将梦想藏在内心深处，成为扰乱自己心神的幻想，所以还是静下心来进行实践，让梦想成为自己行动的动力。

现实是此岸，理想是彼岸，中间隔着湍急的河流，行动则是架在河上的桥梁。大家都知道这句话蕴含的道理，可是能够大步向前让现实变成梦想的却少之又少，而喜欢在脑海里幻想却不付诸行动的则大有人在。

世界上有两种人，一种是空想家，空想家们擅长谈论渴望、畅想未来、描述现象。可是无论他们描绘得多么美好，却只是镜花水月，水中楼阁，心底的黄粱一梦而已。对此，他们只能望而兴叹。另外一种是行动者，他们总是利用自己的努力一点一点实现自己的梦想，或许他们无法做到完美无缺，但却是实实在在地在为梦想努力着。

机会和幸运只会在静心面前现身

——平和：宠辱不惊，才能直面困境，静待幸运

越是拥有平和心态的人，越是能活得有滋有味。心态平和的人，内心是宁静的，对于自己经历的事情看得开，想得明白，面对困难也能保持宠辱不惊。心思通透的人，念头也会通达，行事也不会心有挂碍，身心通泰，活得也就更自然洒脱。

姜氏齐国的缔造者、齐文化的创始人姜子牙，出身卑微，前半生在外漂泊不定，生活更是困苦不堪。他虽有凌云之志，又饱读诗书，却始终未遇明主。当他听到西伯侯姬昌在广施仁政，治下百姓个个安居乐业，而且为推翻商纣王的暴政，正求贤若渴时。已经年过七旬的姜子牙便千里迢迢赶赴西岐。不过他在到达西岐后并没有迫不及待地毛遂自荐，而是用一种平和的心态整理行装，在渭水北岸的磻溪住了下来，观望西伯侯治下的百姓的生活。他发现西伯侯姬昌果然是一位贤明的君王，于是便每日垂钓在渭水之上，静待明君的到来。

姜尚钓鱼和常人不同，平常人钓鱼用鱼饵勾引鱼儿上钩，可是姜尚的钓钩却是直的，而且没有任何鱼饵，这种做法让经过此地的打柴人武吉看到了，他感觉十分不可思议，便上前询问姜尚原因："老人家，像你这种钓鱼法，别说三天，一百年也不可能钓上鱼来的。"姜尚只是微微一笑："姜尚钓鱼，愿者上钩，曲中取鱼不是大丈夫所为，我宁愿直中取，不愿曲中求啊，再者我的鱼钩钓的也不是鱼，钓的是王与侯啊！"

武吉听完后十分震惊，感叹这老先生不是一般人。回到城里后，武吉便向自己的伙伴讲了姜尚钓鱼的事，就这样一传十，十传百，很快就传到了西伯侯姬昌的耳中，便想请姜尚来宫中一叙，看看这个"宁向直中取，不向曲中求"的老先生有什么与众不同。

内心平和的姜太公，对西伯侯差来的人只是轻笑道："大鱼不上钩，小虾小鱼别凑热闹。"说完便收拾钓竿，回家去了。第二天姜尚依旧在渭水边钓鱼，这次西伯侯令自己的一位大臣前去邀请。依旧得到如此的回答："大鱼不上钩，小虾小鱼别凑热闹。"

西伯侯姬昌终于明白，姜尚这是等着自己亲自前去，这时的西岐正是兴周伐纣之时，需要一位具有大才之人来辅佐，他也明白年逾古稀的姜尚一定拥有经天纬地之才，所以就斋戒三日，沐浴更衣，亲自抬着聘礼来渭水边上邀请姜尚出山辅佐他。

姜尚果然没有辜负他的期望，辅佐文王，兴邦建国，还全心全意地辅佐周武王姬发灭掉了商纣王，创立了大周王朝，同时自己被封为齐王，实现了一直以来建功立业的愿望，被后世所敬仰，姜太公钓鱼的典故也一直流传至今。

有欲而不执着于欲，有求而不拘泥于求，姜太公前半生穷困潦倒，漂泊不定，可是依旧怀揣着一颗平和之心，面对困境时静等自己被上天临幸的一天。他没有怨天尤人，而是怀揣着建功立业、一展抱负的志向，面对西伯侯宠辱不惊，最终获得了一展才能的机会。

平和就是在经历过风雨后，不再执着于欲望和执念，将自己的内心从狭义走向广阔的一种人生境界。至深的平和之境，一定是经过了生死的磨砺，爱恨的考验，最终让一切都化作尘土四散而去，只留下一颗平和中正、宠辱不惊的心。

有这样一个碌碌无为、穷困潦倒的人，这一天他实在忍受不了现实生活的痛苦，就来到一个悬崖峭壁边上，准备结束自己悲惨的一生，在死之前，他向着苍天诉说着自己悲惨的际遇，这让旁边的一棵低矮的小树听到了，小树不禁也留下了痛苦的眼泪。

小树的表现让这个准备自杀的年轻人有点意外，年轻人问小树："我在这里叙述自己悲惨的过往，你哭泣什么，你也在为我悲伤吗？"旁边的小树抖了抖留在枝丫上的泪水回答道："你的一生确实悲惨无比，那你愿不愿意听听我的经历呢？"

"我生长在土壤贫瘠的悬崖峭壁边，这里都是岩石，没有多少土壤，更没有充足的水源。由于营养不良，我长得非常丑陋，枝叶伸展不开，整天受着狂风吹袭，生怕有一天被风连根拔起。每天都活在水深火热当中。"这棵树说。

正当这个年轻人要说些什么的时候，又听着这棵树说道："但是我现在却不想死，也不能死，我是这个悬崖边上唯一的一棵树，看到我头上的那个鸟巢了没有，那是一对喜鹊在我这里搭建的，我一旦死去，那对喜鹊就没有了住所。"

年轻人听完这棵树的话，感到十分羞愧，只见这棵树再次开口道："我在这个悬崖峭壁上生长，虽然营养不良可是却不会被砍伐，我整天被烈风吹袭，但是我同样也能看得更远，即使如此，依然有喜鹊愿意在我身上做窝，常伴我左右，我现在感觉很幸福。"

拥有一颗平和的心，就是在最艰难的环境下依旧能看到希望的光芒，依然能看到美丽的风景，不会让绝望占据自己的内心。以一颗平和的心看待世界，我们就能从中获得快乐，获得心灵的解脱。在善待他人的时候，我们的内心能获得无与伦比的平衡，能够更加清晰地看清自己：面对自己的缺点，不会自卑；面对自己的优点，也不会骄傲。

平和是对烦琐生活的一种安之若素的态度，是对变幻莫测命运的一种泰然镇定，在这种心态下，静静等待属于自己的机会。在平和的心态下，人生路上的风风雨雨都会化作缤纷多彩的彩虹，映照着我们的梦。

你烦心的，不过是找不到前进的方向

——潜心：但有潜心，诸事皆备

潜心是一种可以忍受世间一切孤独的心理状态，只为获得成功时的那一份喜悦。潜心也是一种人生境界，是一种在生活中对待事物发自内心的喜爱，是一种渴望了解全部事物的情感，更是一种痴迷的境界，潜心就是心如止水地在自己的世界中畅想遨游，对外界一切侵扰自己的东西视而不见。

我国著名的思想家、哲学家王充从小对书籍的喜爱就超过了其他小孩子对玩闹的喜爱，他喜欢看书，且已经到达了痴迷的境界，别的小孩子在爬树、捉麻雀时，他却拿着书本在阅读、背诵。父亲对王充的行为感觉很好奇，于是就问他：“你怎么不和其他小孩去玩啊？”王充用稚嫩的声音回答道：“我不喜欢。”王充的父亲接着问道：“那你喜欢什么？”王充认真地回答道：“我喜欢看书。”

8岁那年，王充被送进学馆，一次，先生在教导《论语》《尚书》时，告诉他们必须学会背诵。在讲完之后，先生抽查到王充，王充竟然一字不漏地背诵了下来，这让先生十分吃惊，便询问道：“你是如何这么迅速又准确地背诵下来的？”王充认真地回答道：“在先生讲课的时候，先生讲到哪里我就背到哪里，先生讲完了，我也背完了。”

对于学问，王充能静下心来潜心钻研，这让他的学习进度大大超过了同龄人，因此在15岁的时候他就被送进首都洛阳的最高学府——太学。在那里他遇到了当时的历史学家班彪，班老师学识渊博，讲课时经常引经据典，这极大地引起了王冲的兴趣，为了弄清楚班老师授课内容的内涵，他经常暗暗记下班老师推荐的书名，随后潜心阅读。除了上课之外，他剩余的时间基本泡在太学的图书馆内，太学的书很快就被他看完了。

为了满足自己对阅读的痴迷之心，他开始将自己的目标放在洛阳城的书店。每天上完早课后，他就跑到书店里做小工，一有机会，就潜心阅读书店里面的书籍。就这样，看完一家，看下一家，最后洛阳城的书都被他看了个遍。

人的欲望无穷无尽，能够潜下心来认真钻研一件事十分不容易，这不仅需要耐心，还要恒心、决心和毅力，可以说潜心做一件事就像在暗无天日的地下做一只努力挖洞的鼹鼠，其中的艰辛只有自己明白。潜心背后是一份责任感，拥有了责任，躁动的心就会慢慢平息，就会为了承担这份责任静下心思考未来的路怎么走，开始对未来有所规划。

因为发现了青蒿素，屠呦呦在2015年获得了诺贝尔生理学或医学奖，这种药物可以有效地降低疟疾病人的死亡率。

屠呦呦女士1955年于北京大学毕业后，就被分配到卫计委中医研究院（现中国中药科学院）中药研究所工作。从进入研究所至今已有数十个年头，屠呦呦女士未曾有过离开的念头，1956年她在国家预防血吸虫病的狂潮下，对中药半边莲进行了生药学研究，还完成了比较复杂的中药银柴胡的生药学研究，这两项研究都被收入到《中药志》中。

1959年到1962年，她参加了卫计委第三期西医离职学习中医班，系统地学习了中药学知识，还专门进入中药材公司，向老药工们学习中药鉴别和炮制技巧，之后，她又参加了国家下达的中药炮制研究任务，同时还与其他专家共同编撰了《中药炮制经验集成》。

1969年近40岁的屠呦呦女士接受了国家下达的预防疟疾的任务，并担任研发组组长，开始了对疟疾这一疾病的攻克，她和课题组成员筛选了2000余个中药草的药方，整理出了640种治疗疟疾的药方，他们以鼠疟疾虫试验了200多个中草药，340多种中药提取物，最终发现了青蒿这一药物能够有效地抑制寄生虫的生长，但还不够持续。

为了解决这一问题，屠呦呦又一头扎进了文献典籍中潜心查阅关于青蒿的资料，终于在中医古籍《肘后备集方》中的治疗“寒热诸疟”的篇章中的“青蒿一握，以水两升渍，绞取汁，尽服之”的启发下创建了低沸点溶剂提取法，并利用这种方法在1971年10月4日提取出了能对鼠疟疾产生100%抑制作用的青蒿乙醚提取物，这是发现青蒿素的最为关键的一步。

为了证明这种物质对人体无害，屠呦呦女士和其他两位研究员亲自服用这种物质，最终证明了这种物质的无害性，在海昌的临床实验也证明了其药效远远大于氯喹，这一结果在内部会议中一经发表，就引起强烈反响。但是屠呦呦女士并没有就此停下她的步伐。

屠呦呦女士在其获得诺贝尔生理学或医学奖之前的40年里，一直在对青蒿进行研究。40年前的科研环境异常艰苦，要从众多典籍中查找对应的资料，确立研究方向，这是一个十分浩大的工程。屠呦呦女士和她的研究队员在一次次失败后又一次次重新站立起来，确立研究方向后，立马潜心钻研，埋头研究，发现问题后再积极解决问题。在青蒿素的研究方面，屠呦呦女士抱着精益求精的心态潜心研发，最终在1992年研制出了升级版青蒿素——双氢青蒿素，这种药物抗疟疾的疗效较之前的青蒿素提升了十倍。

只要有肯下功夫挖掘钻研的决心，那么你欠缺的就只是一个方向，只要确定好一个方向，你就可能获得许多意想不到的收获。在这个喧闹的生活中，只有做到古井无波，静心、潜心地挖掘自己的潜力，你的人生才会精彩纷呈。

心静如水，故能无忧

——不争：争名夺利输了心境，一切都将是转头空

自古以来，为了名誉、权利、金钱、美人争得头破血流的事例数不胜数，多少古人为了这些弄得自己伤痕累累、遍体鳞伤、精神憔悴，到头来却是竹篮打水一场空。被我们称为天下第一大贪官的和珅，家中的财富堪比国库，他拥有一人之下万人之上的身份，可是到头来却落得家破人亡、满门抄斩的下场。

富可敌国的和珅快乐吗？不见得，他整天忙着阿谀奉承、结党营私，其实在暗地里慌乱得很，担心某一天自己所做的事情被发现，担心有一天的自己项上人头落地，可以说，和珅的心从来没有静下来过，只有在死之前，所有的罪孽都公布于众的时候，和珅的心才得到了真正的安宁，可是一切都来不及了。

对权力、金钱、名誉不要太过看重，让自己的内心不要因为这些俗物变得沉重不堪。陈寅恪学贯中西，通晓30多种文字，可是对证书却不甚在乎，他一张文凭都没有，可是梁启超却知晓他的才能，向清华大学校长引荐了他，最终他被破格录取为大学教授。

陈寅恪和梁启超之间因为学术问题时常发生摩擦，甚至争得面红耳赤，大打出手。在清华校园里，他们两个人之间的仇怨被好事者传得沸沸扬扬，人尽皆知。

有一天，当梁启超来到办公室时，一位同事向他递过来一份报纸，说道："您看，陈寅恪又向您开战了。"原来梁启超之前写过一篇文章，他认为陶渊明是因为当时的道德风气败坏，自己无力改变，所以才辞官归隐，至少保持自己的品行和节操不被污染。

陈寅恪却认为陶渊明是因为东晋被灭后，自己"耻于侍二主"才归隐的，梁启超看过陈寅恪写的反驳他的文章后，哈哈一笑说道："看我写一篇文章和他过过招。"一旁的同事和陈寅恪有恩怨，便在梁启超的耳边挑拨离间道："梁先生，我看这陈寅恪是别有用心啊，用陶渊明的事情含沙射影，说您‘侍二主’呐！”

梁启超听完怒喝道：“滚蛋，陈寅恪的性情我清楚得很，不要用小人之心度君子之腹。”陈寅恪知道此事后，对梁启超的为人更加佩服。他们在学术上争个高低，可是在生活上却是无话不谈的好朋友。这种君子之交和争与不争的境界着实令人佩服。

他们都是静下心来做学问的人，对名利都看得十分淡薄，只喜欢在学术上争高下，却不在生活中争名夺利。做大事的人就是这样，通常不会和他人争名夺利，只做好自己，踏踏实实地做实事。

林语堂先生在《风声鹤唳》中曾写道：“不争，乃大争，不争，则天下人与之不争。”“不争”是种由内而外的静，是一种真正的大智慧。

在美国举行的一次作者峰会上，许多作者都在夸耀自己的作品：有的炫耀自己的作品受过名人的点评；有的称赞自己的遣词造句无比优雅；有的说自己书中的内涵多么高深；有的说自己的作品获得过什么奖项。

可是只有一位衣着朴素的女士坐在那里，一句话也不说，只是静静地听着，不住地点头，当别人问她的时候，她只是轻轻地回答：“我只写过一本书。”这不禁让他身边的作家们得意扬扬，接着问她那本书的名字是什么。

这位朴素的女士只回答了一个字：“《飘》。”这让本来得意扬扬的作家们瞬间没了笑容，原来这位女士正是玛格丽特·米切尔女士。她的一生只出版了《飘》这一本书，可是却奠定了她在文学史上的地位。玛格丽特·米切尔女士认真地将自己内心的故事写出来，并不是为了争名夺利。

《道德经》有载：“夫唯不争，故天下莫能与之争。”意思是：你不去争，天下就没有人和你争的了。了却了是非，获得了心底的安宁，争之一字让多少人放不下，到头来失掉了心境，失掉了时间，失去了本来可以获得的更多东西，让他人的是非把自己折磨得人不像人、鬼不像鬼。

所以自古君子就不与人分辨好坏，不和人结党营私，不在他人身后说坏话，不与人争是非，不和他人争名夺利，也不和他人攀比较真。他人说什么，且听着，对者入心，不对者，听后便忘，让自己的内心永远保持一份宁静。

“争”会输了自己的那份心境，让现有的一切都化作转瞬云烟；“不争”才是身在社会这个大染缸中应该保持的一种境界。不争不是畏畏缩缩，而是用一种更加高明的方式来结束纷争。做好自己，安定内心，不断地完善自己，使自己在不争的情况下，得到自己想要的东西。

闲暇时，多阅读书籍，在书籍中畅游，领悟世间的真谛，让自己的内心可以在纷纷扰扰的世界中拥有一丝平静。想让自己能随时随地保持心静如水的状态，可以尝试一下冥想，在寂静的环境下，放空大脑，将心中的是是非非抛在脑后，只注意自己的一呼一吸，让自己随着一呼一吸上下波动，感受心脏的跳动，冥想之后，就会发现自己原本浮躁的内心已经静了下来。

成败只在选择与放弃的一念之间

——信念：让你临危不乱

哈尼·费雷是一位出色的银行家，但是他却放弃了财政部部长这样重要的官职。20世纪90年代，法国一个出版商别出心裁地出了一本关于哈尼·费雷的自传，这本书在法国迅速走红，人们都想了解这个银行业巨子的成长过程。

因为带领法国银行获得了巨大的成功，哈尼·费雷难免受到一些人的嫉妒，甚至还有人恶意中伤他。对于这些谣言，哈尼·费雷采取的态度是泰然处之、置之不理。然而，哈尼·费雷的子女们却不能忍受外人对父亲的污蔑，他们不理解为什么父亲不予以还击。有一次，哈尼·费雷的儿子对他说："爸爸，你在银行工作的时候什么消息都逃不过你的耳朵，为什么唯独听不见外人诽谤你的话？”

哈尼·费雷哈哈大笑，温和地说：“如果那些制造谣言的人知道我因此而生气，那他们就得意死了。对这些谣言最好的回应就是不理不睬。至于其他人愿意信什么就由他们去吧，如果他们真把我看得很高，认为我比总统的权力还大，那也是一件有意思的事情。”

在很多人的眼中，哈尼·费雷总能在银行界不断地获得成功。但是哈尼·费雷认为自己的成功之路并不是一帆风顺的，他回忆道：“在我成长的过程中也遭遇过挫折，但重要的是我懂得选择。”其实，就在他成功地打赢一系列“海外战役”的时候，法国银行经营却陷入了困境。随后的几年里，法国银行的业绩出现了明显的下滑，亏损情况非常严重。很多媒体也报道说：“这是法国银行自创建以来损失最惨重的一年。”随后的6个月里，法国银行的盈利率只有可怜的1%，而他们的老对手花旗银行同期的盈利率比他们高10倍以上。

造成这种情况有着多方面的原因：首先，花旗银行新任的负责人精明能干，对花旗银行进行了许多新的改革；其次，现在银行业的发展趋势有利于花旗银行主营的零售业务以及海外分行业务；再次，哈尼·费雷在接任董事长一职后，对法国银行进行了彻底的改组，现在还没有恢复正常的秩序。尽管法国银行陷入经营困境有诸多原因，但是不明就里的人们异口同声地指责哈尼·费雷领导不力，把全部的责任都推到了他的身上。

法国一家杂志的著名记者在他的专栏里批评哈尼·费雷："没错，哈尼·费雷十分熟悉法国的银行业务，而且有着极为丰富的经验，但问题在于他对法国银行的经营有些漫不经心。哈尼·费雷时刻关注着世界性的问题，很少把精力放在法国银行的业务上。一个人的精力毕竟是有限的，他不可能既担任对外关系委员会的主席，又抽出精力去处理法国银行的业务。法国银行的工作人员普遍情绪低落，然而他们的总裁对这种情况却置之不理。"

现在，哈尼·费雷不能再对这些指责无动于衷了，他必须采取一些手段改变这种局面。面对危机，哈尼·费雷没有慌张，他依旧像往常一样镇定，支持他的是他强烈的信念，他坚信自己不会被困难打倒。在接受记者采访的时候，哈尼·费雷表达了自己强烈的自信，他说："我在法国银行整整工作了30年，经历过无数次风险和考验，我现在充满了自信，坚信法国银行会通过这次严峻的考验，也能选择好法国银行的命运。”

危机之下，哈尼·费雷觉得他应该换一个行长，找到一个更坚定的助手。这件事实施起来比较困难，现任法国金融学家罗斯已经在这里工作了20多年，有着相当不错的口碑，和自己相处得也非常融洽。但问题是要带领法国银行走出危机需要一个能强有力地实施改革的人物，而罗斯恰恰不是这种人。哈尼·费雷私下里向许多人征求过意见，但是大多数人都保持沉默。只有一位董事大胆地对他说：“保持利率上升是我们的责任，但同时也是你的责任。至于应该怎么做来拯救这次危机，你有决定的权力。”经过深思熟虑后，哈尼·费雷终于下定决心。哈尼·费雷邀请罗斯来家中做客，在闲谈中他暗示银行需要一个强有力的领导人。罗斯深知这次危机自己也难辞其咎，于是主动请辞。

第二天早晨，哈尼·费雷在法国银行召开了新闻发布会。当天法国的各大报社记者都云集于此，每个人都想知道在这危急时刻哈尼·费雷有什么办法能令法国银行起死回生。哈尼·费雷的助手宣布新闻发布会开始，所有人都不再说话，大堂里鸦雀无声，人们都在等待着哈尼·费雷宣布他的改革措施。只见哈尼·费雷戴上眼镜，从助手手中接过早已准备好的宣传稿，表情严肃，一字一句地念道："法国金融学家罗斯先生于昨晚递交了他的辞职申请，董事会经过认真讨论正式批准，决定任命彻尔先生为本行新任行长，即日起正式生效。"话音未落，新闻大厅里已是一片惊呼，所有记者都没有想到哈尼·费雷会有如此雷厉风行的手段。法国银行更换行长的消息很快传了出去，华尔街顿时乱作一团。新任法国银行行长彻尔也是一位著名的金融专家，他精力充沛，性格开朗，最重要的一点是他会坚决地执行哈尼·费雷的指示。彻尔在接受记者采访的时候说道："哈尼·费雷是个懂得选择人才的人，和他合作我将会非常愉快。"

最终，在哈尼·费雷的强硬手腕下法国银行平安地度过了这次危机。危机之后，哈尼·费雷依旧稳稳当当地坐在董事长的宝座上，行使着他至高无上的权力。哈尼·费雷习惯于藏身幕后，通过手中庞大的银行网络，悄无声息地操纵着世界的经济。人们常常能感受到他施加的影响，但仔细追寻的时候，却又不知道这种力量来自何方。

从出生到现在，哈尼·费雷历经了无数次的考验。他能有今天这样的成就，离不开自己的勤奋和努力，最重要的是能在关键时刻能做出正确的选择。哈尼·费雷是怎样一个人？这个问题恐怕连他自己也回答不了。

哈尼·费雷有一个美满的家庭：温柔贤惠的妻子和6个儿女，他们在一起过着舒适的生活，他还拥有两样最重要的东西：金钱与权力。

有一次，儿子理查德问他："爸爸，每个成功的人都有自己的秘诀，那么你到底有什么秘诀呢？"哈尼·费雷思考了一会，回答道："我取得成功的秘诀是信念。对你所做的事情始终抱有坚定的信念，相信你的决定是正确的，相信未来掌握在你的手中，而这一切最为关键的是要具有选择人才的特质，只有这样，才能为成功带来动力。"

哈尼·费雷高傲地坐在自己的办公室里，手下的人对他毕恭毕敬，他们总感觉这个男人身上有一种说不出的威严。尽管随着时间的流逝，哈尼·费雷的头发已经变得花白，皱纹也爬上了他的额头，但他依然像一个年轻人那样辛勤地工作，他的日程表里还是像从前一样密密麻麻地写满了出行计划和会议安排。对哈尼·费雷来说，有一句话是永远正确的：如何选择人才是他成功最关键的因素。

正是因为哈尼·费雷在法国银行陷入困境时放弃了昔日的老员工而选择启用更得力的助手，才能让法国银行摆脱困境，也让哈尼·费雷的社会声望更大。其实人生旅途中充满了变数，会经历很多艰难险阻，迈过去就是光明的春天，而在困难面前倒下去了，就会陷入黑暗的深渊。所以在面对困境的时候，成败只在“选择与放弃”这一念之间。

要在生活的喧闹中学会放弃

——量力而行：静下心来，不做无谓的坚持

一位老人，现在已经90多岁了。在很小的时候他就非常喜欢玩气球，五颜六色的气球成了他的最爱。他对其他的玩具不屑一顾，每次出去玩，手里拿的总是气球。

有一次母亲带他去公园里玩，他照旧拿着气球。玩了一会儿后他从母亲的包里发现了一个很漂亮的口琴，他摆弄着这个稀奇的东西，还不时地放在嘴边吹吹。过了一会，他便能吹出动听的音调。他想要这个口琴，但他又舍不得扔掉气球，左思右想到底是要哪一个？这时母亲满脸笑容地望着他，也就在这一刻他选择了口琴，放弃了手中的气球。

这一天他不只是学会了吹口琴，还明白了一个道理——

当需要你做出选择时，你必须毫不犹豫地放弃该放弃的东西。

日子一天天过去了，后来他发现自己并不是十分热爱音乐，而是热爱经济学，于是他毫不犹豫地放弃了音乐，进入纽约商学院学习。他在1950年获得经济学硕士学位，并获得了去哥伦比亚大学深造的机会。正是在这所大学里他认识了一生中最伟大的良师益友——曾任美国联邦储备委员会主席的阿瑟·伯恩斯教授，伯恩斯教授后来在尼克松总统麾下效力。在伯恩斯教授的影响下，他专心致力于经济学的研究，放弃了一切与经济学无关的东西，在经济学的研究上投入了全部精力，很快就成了这一领域的专家，他在1987被里根总统任命为美国联邦储备委员会主席，成为被全球瞩目的人物。这个人就是历经6任总统、掌舵美国经济18年、曾5次连任美国联邦储备委员会主席的一代伟人艾伦·格林斯潘。

艾伦·格林斯潘的成功经历告诉我们，人的生命过程就是一个不断选择与放弃的过程。放弃并不是不再努力，而是将精力全部投入到更感兴趣的东西上，只有这样，才能有所收获，才能取得成功。

科学家曾经用马林鱼做过这样一个实验：他们在水池中放了一大块玻璃隔板，自以为是的马林鱼总想着冲过去，却每次都撞到了玻璃。1次、2次、3次，10次、11次了，撞得头破血流的马林鱼仍不肯放弃，咬着牙继续向玻璃游去，结果还是头破血流……

我们一定要学会放弃，“大丈夫能屈能伸”这句话中的“能屈”并不是懦弱的意思，而是一种长远的智慧，是为了以后能“伸”得更远，就像把拳头收回来是为了下一次更好地出击一样。

学会放弃，不要像马林鱼那样愚蠢地坚持，那样只会让自己头破血流，甚至更惨。一味地坚持没有希望的希望是一种愚蠢的行为。放弃就像一针清醒剂，让你彻底地进行反思，从而使你拥有更加清晰的头脑。无论做什么事情都要结合实际情况，量力而行。学会放弃，只有懂得放弃才会拥有一个全新的开始。

有三个很要好的朋友住在同一个村庄里，一个是有钱的富翁，一个是酷爱读书的才人，还有一个是人人皆知并深受敬仰的大学者。

有一天这三个人商量一起出海远行，到另一个地方去闯荡一番。他们上了一艘小船，有钱人为了到新的地方能有一个好的开始便带了许多的金银财宝；读书人为了在船上不寂囊带了许多书；而那个学者却只是只身一人，什么身外之物都没带。

船行驶在半途中，突然遭遇了暴风雨，为了能让小船安全靠岸，船家让他们把东西快点扔掉，可是有钱人不舍得扔掉自己辛苦赚来的钱财，于是就让读书人把书扔了，而读书人也不舍得扔掉珍藏多年的书，他也要求有钱人把金银财宝扔了。两个人各执己见，争论不休。学者见到这种情况，对有钱人说："你当初是怎么白手起家的，把钱财扔掉就能保住性命，有了性命就可以再创造财富呀，如果不舍弃你的钱财，命都没了要那么多钱财又有何用？"然后又对读书人说："你已经把书里的内容全部记在脑子里了，还要那么多书有何用？不如扔了还能保你一命。"

二人听后觉得很有道理，于是有钱人把财宝扔了，读书人也把书扔了。最终，小船安全靠岸，他们三个人也到达了目的地。就像学者说的那样，后来，有钱人白手起家又赚了不少钱，读书人把脑子里的知识传授给其他人，当上了老师。

今年已过40的凡林与平常人一样，没有什么特别之处，但是他在一次一次的放弃中取得了成功。

小时候家境清贫的凡林很懂事，初中毕业后就开始学习电焊。做了两年电焊工的凡林，技术上更进了一步，也积累了一些财富。但是后来他发现电焊对眼睛伤害特别大，于是另谋出路。不顾家人反对的他承包了一个很大的工程。因为没有经验刚开始困难不断，连工人也想着法子刁难他，为了让工程按时完成，他借钱给工人支付工资。历尽千辛万苦终于把工程出色地完成了，可是他发现自己并不具备承包商的能力，于是放弃了这一出路。之后他几经考察发现海鲜生意不错，于是说干就干，他找准机会积极地向别人学习。一个多月后他掌握了许多海鲜经营方面的知识，做起了批发海鲜的生意。当然万事开头难，起初也有不顺心、不如意的地方，但是他都挺过去了。苍天不负苦心人，由于他诚实守信，服务热情，他的生意逐渐红火起来，客户也越来越多。客户们都说他的货够斤两，又干净又新鲜，不像其他商家那样掺些乱七八糟的东西，还缺斤少两。于是，人们都想和他做长期生意。听到客户们对他的称赞，他的干劲更足了。他又进一步扩大了规模，招聘了更多的员工，自己买了货车去外地进货，当地有此实力的仅他一家。

经过十几年的发展，他已经成为全市最大的海鲜批发商，在全国各地拥有多家分公司，业务遍及全中国，年获利上亿元。

他回想从创业到现在，能取得今天的成绩主要在于懂得放弃，如果当时不放弃每月收入不菲的电焊职业也就没有做承包商的可能，如果不放弃做承包商就不会有今天的一切。一句话，他将成功归结于放弃。他奉劝正在创业的朋友：如果你在所选择的道路上能看到光明，那么你就继续坚持，如果在你所选择的道路上看不到一点希望，即使已经付出了很多，也要学着放弃，不然你会输得更惨。

让身心随着规律在动

——规律：把握生命的节奏

世间的一切都有规律，日月交替、四季变化、花草枯荣、朝代更替、生死循环……我们的生活同样也有规律，把握这个规律，可以让我们的生活更加幸福，身体更加健康，工作更加顺利，内心更加平静。这就是规律的重要性，只要我们主观上让自己的生活接近这个规律，就可以在生活中掌握主动权。

生活中有许多人的作息是不规律的，有人熬夜通宵打游戏；有人不吃早餐，一天只吃两顿饭；有人睡懒觉睡到中午。这些习惯严重影响到了我们的健康，对我们的心态也产生了很多负面的影响。

有规律的生活能让我们的身体状态和心理状态保持稳定，人的体内是有生物钟的，生物钟就是我们身体的内在节律性，我们的身体状态是随着时间的变化而不断变化的，如果能按照生物钟来安排一天的作息，会大大提高我们的工作效率，改善我们的心理问题。

人类虽然不能像机器人那样做到一切都准时准点，但我们只需要养成有规律的生活习惯就可以了，这样就会使我们的心态维持在一个健康的状态，有利于我们静下心来工作，提高我们的生活质量。

让生活变得有规律，可以从以下几点做起：

第一，正常作息，保证睡眠充足。睡眠能让我们放松大脑，缓解疲劳。科学研究表明，晚上十一点之前入睡是一种良好的作息习惯。因为根据人体的生物钟来看，晚上十点时人体的体温就开始下降，睡意来临，免疫力增加，激素分泌下降，体内大部分功能处于低潮。如果此时不休息，身体的负荷就会增加，从而导致健康问题。成年人要保证每天7到8小时的睡眠时间，这样才能保障身体和大脑获得足够的休息。

第二，保证三餐，定时定量。三餐是我们每天活动的能量来源，现如今，很多人都不吃早餐，而早餐是三餐中最重要的一餐，长期不吃早餐，会对胃造成持续性损害，还会对精神状态造成影响。所以不管多忙多累，三餐都必须按时吃，适量吃，不能多吃，也不能吃太少。

第三，适量运动，坚持阅读。运动可以帮助我们调节身体状态，每天抽出一点时间用来运动，让运动变成我们生活中的一部分。阅读可以帮我们的大脑充电，也是我们舒缓压力、调节心理的一种方式，长时间坚持阅读会让我们的内心保持活力，心态更加稳定，我们的知识量也会随之不断增加。

生活有规律，可以提高生活质量，保持身心健康，甚至可以延年益寿。一直坚持下去，我们的内心就会远离狭隘，心境也会变得开阔、静心就会成为我们生活中的常态。规律是生活中静心的一把有力武器，抓住它，生活中就充满了美好。

国医大师杨春波在85岁高龄时仍然非常健康，这个年纪的他身材高大、鹤发童颜、步履矫健，且内心平和自然。杨春波老师的生活极有规律，他每天10点半睡觉，5点半起床，甚至上厕所都有严格的时间规定。除了作息规律，他每天还有严格的运动量，在周末会去爬山呼吸新鲜空气，饮食方面也有严格的规定，而且兴趣广泛，对二胡、集邮、养花、跳舞都十分热衷。有规律的生活让他心境开阔、知足常乐，整日笑口常开，脸上洋溢着幸福的笑容，而这正是他身体健康的原因。

良好的生活规律能让我们的身心进入一种放松状态，降低我们的烦躁感。养成规律的生活后，最明显的变化是精力充沛，之前让自己手忙脚乱的事情现在处理起来变得得心应手，心情也舒畅起来，好像世界瞬间明朗了不少，原来的压力也减少了许多，每天都会有好心情，人缘也变好了。

这就是规律的力量，也是生活的魅力。遵循规律生活，你就会发现生活变得多姿多彩，丰富异常。你的内心充满了宁静，情绪永远在可控制的范围内，一切就会向着积极的方向发展。

西方有这样一个小故事，在一个村中，有一个活了152岁的老人，他的生活极有规律，不仅身体健康，而且每天都很快乐。一天，国王听到这个老人的消息便邀请老人来见他，并询问他长寿的秘方。老人告诉国王："我就要死了。"这让国王十分震惊，明明这个老人看上去十分健康，怎么突然就说自己要死了呢！

果然，在见过国王七天之后，这位长寿老人就死去了。原来国王的召见打破了老人每天的生活规律，人老了之后，养成的规律不能轻易打破，一旦打破就很难恢复了。年轻人的身体养成规律后，一旦打破了他的规律，虽然没有生命危险，但是情绪上的变化，身体上的不适还是会影响健康的。

良好的生活规律会让我们的身心舒畅，使我们更好地把握生命的节奏，在内心祥和的状态中做事、做人，在安宁平和中度过幸福的一生。

让自制为生活导航

——自制：将会让你的生活开满鲜花

在日常生活中，吃、喝、住、行、用方方面面都离不开金钱，在生活中为金钱奔波、时常为金钱感到烦恼或背负一身债务的人不在少数，所以追求财富自由成为大多数人向往的目标。人们渴望拥有自己的爱好，拥有不用为未来顾虑的财富，拥有安静祥和的生活，拥有平和安宁的内心。而这一切都可以通过自制获得。

真正的幸福是一种平平淡淡的真，是一种家人之间和睦相处的状态，是人与人之间惬意的微笑，是静看这个世界纷纷扰扰的心态。真正的幸福是用金钱买不到的，把现在的生活活出滋味，活出宁静，才是真正的幸福。

弗朗西斯·培根是英国文艺复兴时期著名的哲学家、散文家，他是一个很会讲道理的人，“经商智慧”就是他提出来的，可是他自己却没有在经商方面做出任何成绩，而是被奢华的生活蒙蔽了双眼，最终走向了死亡。

培根出生于英国的上流社会，习惯了上流社会奢华的生活，12岁时父亲的去世，让他的生活一下子变得贫穷，可是他对过去的奢华生活依旧念念不忘，所以走上了借贷这条路。由于经济条件一直得不到改善，这让他背负的债务像雪球一样越滚越大，他甚至用受贿的钱来满足自己膨胀的欲望，最后落得了个锒铛入狱的下场。

像这样追求自己负担不起的生活的例子数不胜数，比如梅尔维尔勋爵、谢里丹、米拉波、拉马丁、政治学家韦伯斯特、数学家开普勒等，这些人都主张铺张浪费、追求奢华，有着花钱大手大脚的坏习惯，他们债台高筑，最后都落得个悲惨结局，连尊严和体面都遗失了。

社会中的诱惑数不胜数，所以我们要合理地控制自己的欲望，用智慧管理自己的生活，合理安排会让我们远离负债。通过勤奋让自己手中的财富不断增加，通过自制让自己拒绝诱惑、远离烦恼。让我们的内心永远清明安静，这样才能穿越欲望的深渊，到达成功的彼岸。

查尔斯·兰博是东印度公司的一个秘书，他的工作就是整理文件，这份枯燥的工作让他十分厌倦，于是他开始怀疑自己的人生，经过长时间的纠结，最终他辞掉了这份工作，当他拿着薪水走出公司的时候，他认为自己是全天下最快乐的人，终于可以去过自己想要的生活了。

可是，过了两年的悠闲生活后他发现并自己没有想象得那么快乐，他开始怀念起之前那份乏味无聊的工作，他发现在原来的工作中他获得过不少的快乐，现在无所事事的生活让他感觉到自己在浪费时间。的确，很多事实表明，一个没有工作的人会无端的烦躁和无聊，而这样的生活会极大地损害身体健康，长此以往会产生心理疾病。

泰戈尔曾说："工作是生活中的一部分。"工作让我们的每一天过得充实，工作是我们实现自我价值的体现。不要像个被宠坏的孩子，动不动就对工作怨气难平，对上司心怀不满，然后转身放弃，这是一种心理的不成熟，一种躁动，面对这种躁动，我们要耐得住寂寞，加强我们的自制力，用我们的自制力来修得内心的安宁和平静。

自制力不仅可以改善我们的生活，还可以让我们养成影响我们一生的好习惯。

美国的石油大亨保罗·盖蒂在年轻的时候是一个大烟鬼。有一次，保罗开着自己的车旅游，寄宿在一家小旅馆，凌晨两点的雨声让他醒了过来，他伸手向床头的烟盒摸去，可惜烟盒里已经没有了香烟，这让保罗内心十分焦躁，便起身寻找香烟，他翻遍了自己的行李、口袋，渴望能够找到一包香烟，可是却没有成功。此时酒吧、餐厅都关门了，想买香烟只能开车去火车站。

香烟这个东西，越是没有，对它的欲望就会越大，有烟瘾的人都会了解这种情况，当保罗把手伸向雨衣，准备外出买烟时他顿时一愣：自己这是在干什么？作为一个知识分子、一个成功的商人现在竟然要为了一包烟在半夜两点冒着雨跑出去，这是一个多么可怕的坏习惯啊！

保罗想了一会，做出了决定，他要戒烟，果然在之后的岁月里他一根烟都没有抽过，彻底地戒掉了香烟。他的自制帮他改掉了一个坏习惯，也助他战胜了自己的欲望。

其实我们在世间最强大的敌人不是挫折，也不是任何人，而是我们自己，长时间养成的坏习惯和思维模式会影响我们的一生，没有强大的自制力，就会随波逐流，最后在悔恨中度过一生。

强大的自制力可以让你远离诱惑，改善习惯，修炼内心，获得平静的内心和稳定的生活。在这浮躁的社会中，拥有自制力能使我们变得安宁祥和。

Chapter 5

乱中求静的淡然气魄

在大风大浪中，岿然不动、冷静果断的水手才能在大海上航行得更远，收获得更多。生活如同时间的大海，我们是一只只在海中漂泊远行的小船，我们的心是掌控方向的罗盘。在生活的大风大浪来临之前，让我们静下心来，像水手一样无惧任何风浪。

生活中的嘈杂、工作上的压力、家庭中的矛盾，这些风浪都是可以从容度过的。只要心够静，我们就能足够从容。在困难来临的时候，内心中没有杂念，我们就能镇定地面对困难，心怀希望地去处理事情。专注眼前的问题，往往会让我们获得意想不到的结果。

心有多大，梦就有多大。心大不代表自大，而是要注重内心淡然气魄的修炼。气魄变大，梦想也会随之变大，只有足够淡定从容的心境才能支撑足够大的梦想，没有从容淡然的气魄，就不能在实现梦想后获得心灵的安宁和感动。

闹中能静才是静的大境界

——心无杂念："非分之想"是一个无法自拔的"泥潭"

当我们在生活中看到、听到、闻到、尝到和触摸到什么之后，这些信息就传递进了我们的大脑，大脑便会在某些机制的作用下自发地产生各种各样的念头。这些念头有正面的，也有负面的，它们可以作为创作的灵感帮助我们，也可以作为杂念扰乱我们。

有一个农夫，他和妻子儿女们生活在一间木屋中，农夫对狭窄的居住空间十分不满，却无力改变，这样的想法始终在农夫心中徘徊，甚至影响到他的精神状态，使他变得十分抑郁。于是，农夫向当地的一位智者求助，他向智者诉说苦恼后，智者思考一番问道："你家中有家畜吗？"农夫回答道：

“我家有一头牛、两只羊和五只鸡。”

智者听后点了点头，又向农夫说道：“我想到解决你苦恼的办法了，只要你照我说的做，情况会变好的。”农夫连忙点头道：“多谢智者，只要能解决我的苦恼，我一定照您说的做。”当智者说完这个方法之后，农夫十分震惊，原来智者让他把家中所有的家畜都领进木屋中去。

农夫回到家后，按照智者说的方法把家畜都赶进了木屋中。第二天，面容憔悴的农夫找到智者说：“智者，你这是什么方法啊？现在更糟了，我都没办法好好休息了。”对于农夫的抱怨，智者十分平静地说：“那你把牛拉出去。”过了一天，农夫又找到智者说：“智者，那些鸡在屋中到处乱飞，还差点伤到我的孩子。”智者又平静地说道：“那把鸡也领出去。”又过了一天，农夫问智者：“智者，我的屋子都成羊圈了，人怎么可以和家畜一起生活呢？”智者温和地笑道：“非常正确，快点回家把羊牵出去吧！”

最后，农夫又找到智者，这时他满面红光、精神抖擞，完全没有一开始寻求帮助时的抑郁模样，他向智者说道：“智者，非常感谢您，现在我的家中又宽敞又明亮，生活非常幸福甜蜜。”

农夫对居住的房子不满，渴望更大的房子，却没有能力得到。这样的非分之想在农夫的脑海中徘徊，也就慢慢地变成了杂念，影响着他的生活状态。幸福从来就没有确定的标准，只要我们调整好心态，静下心来把这些杂念清除、鼓起勇气改变现状，就能获得幸福。

在生活中，我们千万要记住不要好高骛远，把握当下才是最重要的。在能力没有达到时，好高骛远只会让心中杂念丛生，这些杂念会像泥潭一样牵绊我们的心神，使我们距离目标越来越远。

想要摆脱这些杂念，就要具有自知之明，伟大的科学家爱因斯坦就非常具有自知之明。1952年以色列总统去世的前一天，爱因斯坦收到一封信。这封信是以色列总理本·古里安写给他的，信中表示正式提请爱因斯坦作为以色列总统候选人。

一位记者得知此消息后，当天晚上便致电询问爱因斯坦："教授，听闻您被正式提名为以色列总统的候选人了，请问您会出任吗？"爱因斯坦回答道："不，我做不了总统。"这位记者又说道："总统只是象征性的，并不会影响您的工作，你还是最伟大的犹太人，您担任以色列总统最合适了。"爱因斯坦只回答了一句："不，我做不了。"

爱因斯坦刚挂断电话不久，以色列驻华盛顿大使接着打来电话：“教授，我代表本·古里安总理来向您询问，提名您为以色列总统候选人，您同意吗？”爱因斯坦回答道：“十分抱歉，我无法接受，我自认为对科学十分了解，但是对人却没什么研究，无法担任总统一职。”大使又劝解道：“教授，每一个以色列公民，每一个犹太人都在期待着您呢！”爱因斯坦再次婉拒道：“十分抱歉，我能力有限，没有办法担任总统一职。”

爱因斯坦对自己有着十分清醒的认识，知道自己适合在科学领域发展，自己并没有能力担任总统这个职务，所以毫不犹豫地拒绝了这个邀请。一个人拥有自知之明就可以让自己远离不切实际的想法，看到自身的能力极限，做出正确的选择。

杂念使我们无法自主地控制我们的思维。拥有杂念的人在面对事情时，会翻来覆去地思考各个方面，却始终无法做出选择；在需要专注学习时，思绪纷飞，静不下来；对自己负担不起的事物，会心生渴望，却常常无法得到。

现在社会中的人内心十分浮躁，在杂念的影响下，眼高手低的情况时常发生。在自己能力不允许的情况下，却对错误的目标发起冲锋，等到碰了钉子，受到伤害时才幡然醒悟。现代人的这种情况，最重要的是把心静下来，捋顺自己的思维，明确自己的目标，向着正确的方向进发。

在生活中，想做到“心无杂念”可以借助以下几种方法：

第一，必须对自身抱有信心，缺乏自信的人，往往容易失败。当一个人失去信心时，就会灰心丧气，心中充满了对自己的质疑，无法全身心地投入到工作或学习中。

第二，不怕失败，失败后的人可能会失去向困难再次冲锋的勇气。我们应该将失败后的经历转化为我们的经验，并用这份经验去帮助我们静心，消除心中的杂念，走向成功。

第三，保持勤奋，只有用勤奋的汗水浇灌成功的花朵，最终才会结出甜美的果实，完成静心的目标。

第四，坚持梦想，有一个明确的梦想，就拥有了前进的方向。梦想能让心灵保持积极的状态，梦想能把心中的杂念摒除在外，梦想能让心在需要静下来的时候静下来。

我们只有将心静下来，才能主动地控制自己的思维，做到心无杂念，不会让心中的那些“非分之想”阻碍我们走向成功。

就算一无所有，你也仍然存在

——心存希望：心存希望，幸福就会降临

生活常常以无边无际的黑暗和绝望玩弄我们的人生，有时我们根本无法抵抗，只能被动地承受。当生活将我们身边的一切都化为乌有的时候，我们也要心存一线希望，只要一息尚存就不能轻言放弃。

出生在美国的海伦·凯勒是一位著名的女作家、教育家，她的一生就像一曲用希望和坚持谱写的美丽赞歌。1880年出生的海伦无疑是被上天捉弄的可怜孩子，刚出生19个月的海伦，被一场无情的疾病夺走了视觉和听觉。

没有了听力也就代表着没有办法接受这个世界的呼唤，也就相当于间接地夺走了她向这个世界发出抗议之声的能力。

作为一个刚出生才一岁多的幼儿，丧失了听觉就意味着她的语言能力也将被剥夺，当时海伦·凯勒的父母整日以泪洗面，他们对海伦的遭遇心痛不已，一想到以后这个可爱的孩子就要永远生活在黑暗和死寂之中，他们就心如刀割。

5岁大的海伦过着被生活抛弃的日子，她渴望与外界交流却得不到对应的回应，于是脾气越发暴躁，性子也越发执拗和自卑。不过上天还是怜惜这个女孩的。在朋友的推荐下，海伦的父母邀请了当时在帕金斯学院教书的安妮·苏利文老师担任她的家教，这位老师的到来彻底改变了海伦的命运。

教育健全的孩子尚且不是一件容易的事，更不用说是海伦这样有先天缺陷的孩子了，所以这个过程需要非比寻常的耐心。小孩子总是情绪化的，当一次次的尝试变成了一次次的失败，内心的好奇也会随之变成愤怒。

安妮·苏利文老师在来到海伦身边的那一刻起，就是对凯伦救赎之旅的开始，她先改正了海伦父母对海伦的错误行为，接着和小海伦建立了友好的关系，用非比寻常的耐心来教小海伦手语，还用充满乐趣的方式帮海伦认字。苏利文老师先让小海伦接触一件事物，然后在她的手心上拼写这个单词，让海伦用触感感知。苏利文老师就是以这样的方法打开了海伦语言的大门。

也正是苏利文老师的耐心和关爱，才让本来性格暴躁的海伦内心渐渐地平静下来，使她本来黑暗的世界开始有了色彩，就像太阳金灿灿的“爱的颜色”，就像充满了璀璨生命力的希望的颜色。在充满关爱和希望的世界中，本来内心荒芜的海伦变得平静安详，充满了对未来的渴望。

海伦像一块海绵一样如饥似渴地吸收着外界传递过来的一切知识，品尝着收获的美好，她夜以继日地练习摸读盲文，甚至手指都磨出了鲜血。苏利文老师将海伦的手指轻轻地包扎好，放在自己的手心，温柔地吹着，希望帮她吹走这手指上的疼痛。

在黑暗迷茫中稳定自己的内心，平复自己的情绪，给自己的内心一份坚持下去的希望。希望能让铁树开花，希望能让枯木发芽，但也只有内心真正强大的人才明白，能让铁树开花、枯木发芽的不仅仅是希望本身，还有在绝望中孕育希望的平静之心。

在之后的日子里，海伦·凯勒不再满足拼写，她渴望向世界发出自己的声音。她来到了盲哑学校，在经验丰富的萨勒老师的教导下，通过感应声带的颤动发出声音，虽然经过无数次的失败，但她终于在10岁那年的夏天发出了自己的声音，终于从上帝的手里取回了自己的声音。当她回到家中，说出“爸爸妈妈，我回来了”的时候，父母因为海伦的进步流下了激动的眼泪。

在接下来的生活里，海伦不断地向外界汲取精神的食粮，她学会了英语、法语、德语、拉丁语、希腊语五种语言。24岁的海伦成功地从哈佛拉德克里夫女子学院拿到文学学士学位，成为第一位成功接受高等教育并毕业的盲人。在之后的日子里，为了回报老师的恩情，海伦将自己的一生奉献给了为残疾人服务的社会工作中，她渴望将自己内心的希望分享给更多的人。

海伦·凯勒说过这么一句话：黑暗将使人更加珍惜光明，寂静将使人更加喜爱声音。海伦·凯勒在黑暗和孤独中学会了平静，又在平静的内心里释放了爱和希望。她在出生后的19个月前拥有正常孩子所拥有的一切，之后失去了声音和光明，但是，她通过自己的努力获得了大多数正常人都不一定能实现的成就。她曾在黑暗中慢慢摸索，也在寂静中追寻着存在的意义。

心存希望，世界就不会漆黑一片，就算是在暗无天日的日子里，也会有一丝闪亮的光芒照亮我们的精神世界；心怀希望，世界就会让幸福和你不期而遇；心怀希望，我们的生活就会充满迷人的色彩；心怀希望，我们的心灵就会像琉璃一样散发出宁静的光芒。

于吵闹中静心，当收获别样的成就感

——专注：专注，是一个人最好的修行

生活中充满了各种各样的繁杂的声音，它们扰乱着我们的心神，影响着我们的思想，动摇着我们的信念。于是我们开始怀疑自己的决定，心也变得浮躁。这个时候，我们会发现，我们书也看不下去了，学习也学不进去了，整个人仿佛丢失了灵魂一般。这时候就急需我们收拾自己的思绪，让内心平静下来，将外界的声音屏蔽在外，集中精神，让专注充满自己的大脑，然后开始自己的静心之旅。

《增广贤文》里说过：两耳不闻窗外事，一心只读圣贤书。这是一种专注，也是沉下心来做事的方法。专注的人会沉浸在自己的世界中，享受独属自己的乐趣，外界的一切质疑、否定都被他们拒之门外，即使外界天塌地陷，他们也只会专注眼前的事情，比如专注于喝一杯茶、饮一杯酒，读一本书。

法国作家莫泊桑从小就表现出极其出色的才智，他的父亲不希望他的才智被浪费，就带着幼小的莫泊桑拜访他的好友——著名作家福楼拜，希望福楼拜能做莫泊桑的文学导师，可是骄傲的莫泊桑却询问福楼拜可以教他些什么。

福楼拜看着小莫泊桑，反问道："你都会些什么？"小莫泊桑骄傲地抬着头说道："我什么都会，只要你知道的，我都会。"福楼拜惊讶地说道："这么厉害，你是怎么学习的啊？"小莫泊桑开始一一盘点自己的学习情况："我上午两个小时读书写作，两个小时练习弹钢琴，下午一个小时和邻居学习修车，剩下三个小时踢足球，晚上学习烤鹅，周末还去学习种菜。"说完，小莫泊桑反问福楼拜："福楼拜先生，你一天都是怎么度过的呢？"

"我这一天没有你过得精彩，我上午四小时读书写作，下午四小时读书写作，晚上四小时还是读书写作。"福楼拜哈哈笑了两声，"那你会这么多东西，你最擅长哪一样呢？"这可把小莫泊桑给问倒了，他感觉自己每样都擅长，可是又认为自己哪一样都不擅长，不过聪明的小莫泊桑反问道："福楼拜先生，你有最擅长的东西吗？”福楼拜先生骄傲地回道：“写作。”小莫泊桑这才明白专注做一件事才能擅长这事，从此他专注于读书写作，最后成为一名著名的作家。

在现在的社会中，物质生活的不断丰富致使人们做事很容易分心。随着互联网的发展，各种稀奇古怪的信息无时无刻不散发着诱惑力，让人渴望去接触、去尝试，时间一长，我们才发现，尝试的东西不少，可是专精的事情却没有。对每件事都感兴趣，就意味着对每件事情下的功夫都不深，每一种都是浅尝辄止，这样一来，就成了事事通、事事松，而没有一项专长，最后只能一事无成。

我们能接收到的信息太多了，通过微信朋友圈、公众号、新闻、贴吧……各种各样的渠道我们都能接受到信息。从这些渠道我们感觉自己了解了很多的新鲜事物与知识，可是仔细一想却发现什么也没获得，反而使 我们自己静不下心去阅读，静不下心来去专注做一件事。我们的大脑被动接受这一切，大脑本没有思考，又哪来的吸收和学习呢？

想解决这个问题也好办，只要我们主动减少接受外来信息，放下手机，离开电脑，每天腾出两三个小时的时间，静下心来读书、写作和学习，只要坚持一段时间，你就能专注地做事情了。

在快节奏的生活中，能专注地做一件事并不容易，高速运转的生活会把我们体内的每一分力量都榨干，只给我们留下一个空虚疲惫的躯壳。因此，我们要让自己的心在这喧嚣吵闹之中沉静下来，让专注的心神来凝练我们被喧嚣的生活冲击得七零八落的精神世界。

水滴可以穿石，专注于一件事情不仅需要极大的定力和毅力，还需要静下心来，可是难就难在静心上，有一个成语形容得好——“心猿意马”，意思是我们的心思像猴子在跳动，意识像马儿在奔跑，总是安静不下来。生活中，我们应该避免心猿意马，而需要静下心来专注于一件事，只有这样我们才能把事情做到完美。

古之成大事者，都长年累月地专注在自己的领域里，美国著名作家马克·吐温就说过：“只要专注在某一项事业中，那就一定能做出一番令自己都吃惊的成绩来。”古代没有现在生活的快节奏，那时候的人们将自己的一生都专注在一件事上，王羲之练了20年书法，成了著名的书法家；司马迁用18年写成了被称为“史家之绝唱，无韵之离骚”的《史记》；李时珍花了30年写成《本草纲目》；达尔文花了22年写出了《物种起源》；马克思花了40年完成《资本论》；贝多芬一生都专注于钢琴。可见唯有专注才能有所成就。

专注是可以通过训练提升的，我们给大家分享几个训练注意力的方法：第一，制定严密的时间规划表，严格要求自己在某段时间专注于一件事情上；第二，在闹市或者人多的地方读书，所读的书可以是自己不喜欢的，这样长时间坚持下来，注意力就有可能提高；第三，放下手机，离开电脑，让我们的大脑静下来；第四，在一个安静的环境下，冷静思考、静坐、冥想，这样有助于将自己的心静下来，提高注意力；第五，在特定的时间做同一件事，哪怕有其他的事情吸引你，也要坚持做完。

长此以往，将专注贯彻在我们的生活中，我们就会过得更加自如，收获也会更多，我们的心也可以想静就能静下来了。

从容淡泊，安静一隅也好

——从容：保持沉稳从容的心态

相信在生活中，我们常常会听到类似这样的话：在任何时候，都要保持一种沉稳从容的心态，要做到临危不乱，处变不惊，从容淡定。

时刻保持一种从容沉稳的心态，既是一种理性，又是一种风范，同时也是一种气质。只有从容沉稳，才能临危不乱；只有从容沉稳，才能淡定自若；只有从容沉稳，才能宠辱不惊；只有从容沉稳，才能化险为夷；也只有从容沉稳，才能把握人生……在当今社会日趋激烈的竞争中，从容沉稳是人最强大的气质之一。

然而，从容沉稳的心态并不是轻易能获得的，它是人生智慧的一种体现，是成熟的一种沉淀。

在古罗马时期，有一个皇帝时常在一些死囚中选拔一些能带兵打仗的猛将。这个皇帝的选拔方法很奇怪：在把死囚们送进斗兽场的前一天夜里，他会派心腹去观察这些死囚在等死过程中的表现。如果有谁能面不改色、从容沉稳地呼呼大睡，那么这种人在第二天早晨行刑前就会得到释放，并且会得到皇帝的青睐，将他们训练成带兵打仗的将军。

无独有偶，在古印度也有这样一位君王，他在会见刚上任的臣子时，总是故意让他们在门外等候很长时间。如果哪个臣子在门外沉稳淡定、不骄不躁，那么这个臣子就会得到他的重用。

当时，一位得到君王重用的大臣忍不住询问道："君主这样做一定是用心良苦，不过，其中用意还望君主明示。"这位君王笑了笑，说："我这样做的目的就是为了试探你们的心理素质，如果一个人在任何时候都能做到宠辱不惊、沉稳淡定，那么这个人一定是一个有气度、有魄力的人，而这样的人也一定能够挑起重担，有一番大的作为。"

同时，古罗马的那位皇帝在对死囚犯委以重任前，派心腹去观察他们临死前的心态，目的也是为了试探哪个死囚在临死前有临危不乱、处变不惊的从容，而拥有这种心态的人往往具有不凡的气度和带兵打仗的潜质。

当然，在瞬息万变、竞争激烈的现实社会中，更需要人们时刻保持这种沉稳与从容的心态。因为从容沉稳可以做到“大雪压青松，青松挺且直”，让我们拥有不畏艰难、越挫越勇的坚韧之心；从容沉稳可以做到“淡泊以明志，宁静以致远”，让我们获得拒绝声色利诱的人生智慧；从容沉稳可以做到“我自横刀向天笑，去留肝胆两昆仑”，让我们得到令人无比佩服的人生气质。

因此，从容沉稳的心态，已经成为现代人适应社会环境的一个基本素质。一些公司在招聘时，也会对应聘者做心理素质方面的测试。

四个刚出校门的大学生同到一家大型公司去面试，他们分别叫维纳斯、玛利亚、费尔吉普、恩德劳来斯。公司负责面试的职员给应聘者们各发了一份试卷，试卷上总共有200道题，而最后10道题全都是用文字来解答的，面试人员规定应聘者必须在半个小时内完成。

拿到试卷后，玛利亚粗略地一看，立即皱起眉头，并马上将试卷递还给面试人员，说：“200道题太多了，后面还有需要用文字描述的题目，况且半个小时的时间也太短了，我决定不面试了。”面试员笑着点了点头，收回了试卷。

紧接着，恩德劳来斯也将试卷还给了面试员，他的理由和玛利亚一样，都觉得半个小时内完成200道题根本不可能，因此，他也放弃了应聘者的资格。现在就只剩下两个应聘者了。

面试人员注意到其中那个叫维纳斯的应聘者一直在不停地看表，神色似乎很紧张，脸也涨得通红，面试人员故意从他身边走过，发现他答题的速度似乎相当快，与此同时，在面试人员走过他身边时，他表现得非常紧张。而另一个名叫费尔吉普的应聘者却截然不同，当面试人员经过费尔吉普身边时，他就像没有看到一样，依旧是一副面不改色、从容自若的答题姿势。

在离答题时间结束还有一分钟时，维纳斯匆匆拿起试卷交给面试人员，神色紧张地等待面试人员的答复。面试人员瞄了一眼试卷，只见试卷上面歪歪扭扭地写着一些答案，先不看答案的对错，很多选择题的答案甚至写在了括号外面。于是，面试人员微笑着对他说：“很抱歉，您的面试结果我并不满意，您请回吧！”

维纳斯只得悻悻地走了，这时，费尔吉普也将试卷交给了面试员，并说道：“很遗憾，我未能在规定的时间内答完。”面试人员看了看试卷，很显然，费尔吉普是挑选着答题的，虽然他只做了105道题，但字迹工整，且正确率达到了95%。

正当费尔吉普礼貌地对面试员说“再见”时，令他意想不到的事情发生了。面试人员微笑着对他说：“伙计，我们肯定还会再见的，你明天就可以来公司上班了。”只见费尔吉普一副疑惑不解的样子，面试人员一本正经地说：“伙计，虽然你没有在规定的时间内完成200道题，但你成功地通过了我们的测试。”

在面试人员的解释下，费尔吉普终于明白了其中的缘由。原来，这家公司给应聘者出的200道题只是一个幌子，他们只不过是想利用这200道题测试出应聘者是否具有沉稳从容的良好心态。其实，他们知道，要在半个小时内完成200道题，而且其中还有需要用文字解答的题，根本是不可能完成的事情。

在这种情况下，一些心理素质差的人会立即放弃，或者像维纳斯一样表现得慌慌张张，答题也会杂乱无章。然而，心理素质良好的人则不会出现这些情况，因为他们明白，无论遇到什么事，即便时间再紧，他们也会沉稳从容地去完成任务，哪怕是明知无法完成任务，他们也不会因紧张而选择放弃，或者说放任自己慌忙答题。

而拥有这种良好心理素质的人通常都有着过人的气质和魅力。事实上，这家公司要聘用的正是具有过人气质和魅力的人，因此，费尔吉普最终通过了面试。在费尔吉普看来，任何时候，尤其是在关键时刻，人们都有必要保持一种冷静沉稳、淡定自若的心态。因为这种良好的心理素质有助于帮助人们缓解压力、紧张和疲劳，从而让人保持一个轻松、冷静的状态，进而以最好的表现示人。

更重要的是，沉稳从容的心理素质，有助于人们时刻保持一个清醒的头脑，而越是有着清醒头脑的人，就越能够掌控自己的人生，从而提升自己的人生层次。事实上，在现实生活中，心理素质差的人或许在一般情况下能保持头脑的清醒，但一旦遭遇危急的事态，就会自乱阵脚，从而无法掌控自己，更别提掌控事态的发展。只有心理素质良好的人，才能临危不乱，成功脱离险境。

保罗·蒂贝茨是“二战”期间的一名飞行员，有一次，他奉命驾驶F-6战斗机前往位于日本关东地区和与东京接壤的东京湾执行紧急轰炸任务。他驾驶的轰炸机从航空母舰起飞后，在高空中一直保持着平稳飞行的状态，并准备在距离东京湾地面约100米高度的上空以俯冲的姿势执行轰炸和扫射任务。

蒂贝茨说，就在他准备以雷霆万钧之势俯冲时，不料，飞机的左翼被身后的敌机击中，机身顿时翻转起来，且正在急速下坠。他当时慌了神，本能的求生反应让他手忙脚乱，然而仍旧没有将飞机拉起来。就在飞机快要坠落到海洋中时，他突然记起了自己在接受飞行员特殊训练时教官说的话，教官曾一再强调和嘱咐飞行员们说："越是危机的时刻，越是要保持一种沉稳从容的心态，切记，千万不能慌乱！"

那一刻，蒂贝茨脑海中教官的这句话使他很快就镇定下来，飞速地回想着平常飞行训练时将飞机迅速拉起的最佳位置、时机和方法。就在飞机快要接近海平面的时候，他终于成功地将飞机拉起，随着飞机的频频上升，避免了机毁人亡的惨剧。

当蒂贝茨幸运地回到飞行基地后，他长长地吁了一口气。事后，他在给其他飞行员讲述自己的遭遇时，这样说道："倘若我当时因为慌张而自乱阵脚，未到最佳时机和位置时便轻举妄动，那我现在肯定无法站在你们面前。幸好我当时想起了教官给我们上过的那节沉稳从容的心理素质课，这才使我有惊无险，逃过一劫。”

的确，无论在什么时候，哪怕情况再危急，人们都应该保持沉稳从容。试想，一个遇事慌乱、不能自控的人，又如何能够使自己脱离险境，更好地掌控自己的生命和人生呢？当然，这样的人也是没有任何人生气质可言的。

诸多的事实证明：遇事慌乱，不沉稳，非但于事无补，且极有可能让事情变得更糟糕。因此，想要更好地掌控局面、掌控人生以及充分发挥自己的人生气质，首先要做到遇事沉稳从容、临危不乱。

做一个生活中的低调强者

——淡定：蕴藏着强大的气场能量

很多人都在为生活中的大事小情喋喋不休，唯有少数人，他们在面对这些现实问题时总能保持从容不迫，显示出高人一筹的心境与气场。淡定是一个人表现在外的状态，也是他内心一丝不乱的境况，在纷乱的大千世界中，淡定的人往往会更具吸引力。外表的不慌不忙反映了他成竹在胸，内心的从容不迫使得他处变不惊。因为心定，所以言行淡然。“精神分析社会学”奠基人之一的美国心理学家埃里克·弗洛姆说：“要想成为一个淡定的人并不难，最主要的就是修心。”

性格淡定的人往往很低调，他们却又总能在低调中展示自己的强大气场。低调，无论是在人与人的日常交往中，还是在职业生活领域中都是一种智慧，它是一种进可攻、退可守的姿态，可谓谋略蕴藏其中。有心理学家曾经说："有智慧的人，懂得低调做人的道理。"低调的人在与他人的交往过程中，往往会表现得比较谦卑。而正是这种低调让他们赢得了他人的尊重，受到他人的景仰。当然，谦卑的关键点不在卑而在谦，这种强者甘当"弱者"的低调的为人之道，实际上会让人变得更加强大。

很多时候，这种低调表现为舍得，表现为让步。在社会心理学中，当人们提出一个大要求后再提出一个同类性质的小要求时，这一小要求就可能被人轻易地接受，这一现象便被称为"让步效应"，而使让步效应产生的技术则被称为让步术。淡定的人往往不会急于求成，而是懂得一步一步地向前迈进。在他们看来，退一小步即是进一大步，这无疑能够在心理层面战胜对手。

大智若愚是一种淡定的姿态。即使心里明白事情的来龙去脉，在时机不成熟时也绝不会表明自己的态度，以免打草惊蛇。而一旦时机成熟，就会给对手一个措手不及。

然而，性格淡定的人也拥有高远的志向。在淡定的人心中，永远都存在一个高远的志向。这个志向，让他们在碰到任何困难时，都有坚持下去的动力，他们的坚持不仅能感动自己，而且总能感动他人。所以，要想保持淡定，不妨为自己设立一个高远的志向，哪怕一时难以企及，也可以促使人时刻保持追求而不气馁。

在性格淡定的人的字典中，没有“放弃”这个词，他们会高调地向世界宣誓：不达目的，绝不会轻言放弃。即使前路布满荆棘，即使无法躲避旁人的讽刺声、叹息声、指责声，他也要坚持。就如心理学家所说的那样：“内心如果平静，外在就不会起风波。”淡定的人，内心平静如水，哪怕周遭混乱不堪，他也能够坚持自己前进的步伐。淡定的人在遇到障碍时，总是能静下心来，想方设法地激发自己的潜能，攻克难关。当然，他们也会经历失败，只是他们在经历失败时，往往会先让自己从失败中走出来，不让失败的阴影继续阻碍自己下一次的努力。

美国“实验社会心理学之父”加登·奥尔波特说过：“只要淡定地对待工作，热情就不会消退。”每个人在开始新工作时都会充满热情，然而，随着时间的推移，受外界干扰的因素也会不断累积，人们就会对工作产生越来越多的负面想法。不管是工资、职位还是同事关系，抑或是日后的发展，都会让人对工作产生厌烦情绪，以至于逐渐丧失工作热情。淡定的人在面对这种问题时，往往会将这些问题想得更加透彻，在他们心里，这些不过是暂时的，自己只需要在工作中不断学习，汲取经验，日后一定会有用武之地。

而在面临危难、窘迫和尴尬时，淡定会让人变得更加从容。由于奥巴马提前结束了去拉美的行程，美国白宫方面的管理人员并没有及时地为总统回国做好准备。当奥巴马轻松地从白宫前的草坪走过，正准备进白宫办公时。却意外地发现门被锁住了。总统要进自己的办公室却吃了闭门羹，这绝对是件新鲜事。然而，奥巴马却没有表现出任何愤怒的情绪，反而吹着口哨，绕过走廊，从另一扇门进入了白宫。奥巴马被称为淡定总统，就连他的搭档拜登同样也被称为淡定副总统。奥巴马的淡定让白宫管理人员避免了因工作疏漏而导致的难堪，也为他在选民心中树立了良好的形象。

可见，淡定在一定程度上是可以为自己的魅力值加分的，它不仅仅是一个人心理素质的体现，更是一种强大气场的散发。

纷扰的环境是死的，追求平静的心却是活的

——安宁：心思散乱者终究无法寻到安宁的净土

自从我们来到这个世界上，就无时无刻不在追寻安宁，比如生活上的安宁，内心中的安宁。可是生活中的家长里短、吃穿用度让我们在现实中难以获得那种梦寐以求的安宁。同时内心的安宁又被生活中林林总总的事情所影响，这反而使我们和安宁的方向背道而驰。

《小雅·常棣》中有一句“丧乱即平，既安且宁”。这是对安宁最早的解释：死亡和混乱平息之后，百姓就可以获得安宁了。这是战国时期人们对战乱和死亡的厌恶，对和平稳定生活的向往，认为能过上不打仗的日子就是安宁。白居易的诗《蜀路石妇》有云：“其夫有父母，老病不安宁。”这一时期诗人认为父母老了、生了病是不安宁的，可见在获得了和平之后，人们对安宁的定义有了新的看法，那么到了现代，人们对于安宁的定义又是什么呢？

现代人对安宁的看法是内心畅通、心境平和。在现今和平的外部环境中，现代人尽管衣食无忧，但生活的压力依然存在，可是现在人们却对精神世界更加看重，认为心理上的安宁是对自身心灵的一种修炼，是一种祥和的态度，是经历过种种磨难后，对当下幸福的珍惜。

宋朝诗人苏轼，一生被贬多次，可是他对自身的遭遇不悲不喜，将自己心中的安宁依旧保存完好。在被贬黄州的第三年，苏轼和友人出门游玩，在回来的路上，突然天降大雨，友人们纷纷抱怨天气坏了兴致，只有苏轼在雨中穿着草鞋、披着斗笠、拿着竹竿悠然前行。雨过天晴，苏轼回首观望自己在雨中走过的路，有感而作《定风波》。

人生中突如其来的事情太多，把所有事放在心上，只会让自己烦躁不堪。将人生路上的风雨当作不一样的风景，细细品味，就会有不同的领悟和认识。苏轼没有因被贬黄州郁郁寡欢；对天降大雨也没有怨天尤人，而是守着自己心中的安宁“一蓑烟雨任平生”。

对外界的是是非非，有些事情假装看不到、听不到，反而更加适合。我们的心不是杂货铺，而是我们自身的世外桃源，那些使我们烦躁、郁闷、悲伤的事情，就不要放进心中，打乱我们的安宁了。

日照禅师非常喜欢植物，所以在寺院里种植了各种奇花异草，他喜欢闲暇时观赏它们。一天，禅师在寺院里的石头上休息时，听到两个小和尚在那里争辩，原来是因为一棵樟树的品种问题，他们一个说院子里的樟树是生长了30年的香樟，另一个说是30年的牛樟。两人谁也说服不了谁，一时间争得面红耳赤，当看到日照禅师时，两人便跑过来让日照禅师为他们分个明白。

其中一个小和尚问日照禅师："师父，这棵树是您种的，您种的是香樟吧？"可是日照禅师对于这个问题却回答说："我聋了，听不见你说的什么。"另外一个小和尚问道："师父，我家后山上都是牛樟，不都是您种的吗？"日照禅师却闭上眼说："我瞎了，什么也看不到。"两个小和尚听完禅师的回答，立刻慌了神，谁也搞不懂一向耳聪目明的禅师怎么会这么说，只听禅师接下来又说："一切都随它去吧。"

每个人都有好奇心、争胜心，这是世界进步的动力，可是有些时候我们要学会糊涂，看得太明白只会让人生厌，让自己心乱。这个世界不是一个非黑即白的世界，还有黑白之间的灰色，还有充满祥和的金色，没有什么是绝对的，有些事情不必太过计较，想得太多只会徒增烦恼，不如放下这些事情，让没必要的东西“一切都随他去吧”，看开一点，便能使自身获得安宁。

有一位先生，他习惯了每天在楼下买一包烟，然后去上班。一天，超市的营业员换了人。他在买烟的时候因为找不到常买的那种烟就问了新营业员一声，可是却遭到新营业员傲慢无礼的对待，他十分生气。之后，他每天都绕远路去另一条街上买烟，绕了远路不说，一旦看到楼下的商店，他气就不打一处来。

过了一个星期，一个同事发现最近几天他到单位比平常都晚了十几分钟，便好奇地询问怎么回事，这位先生便将一个星期之前的事告诉了同事，谁知这位同事大笑道：“你的心还是不够静啊，这本来就是他的错误，你这个样子和他赌气，不仅浪费了时间，还惹得自己不开心，他脾气不好是他的问题，你因他的问题使自己不安宁，你说值不值得呢？”

不要因为别人的错误影响到自己的安宁，也不要因为外界的不如意影响到自己的内心，这是不值得的，心思散乱的人始终得不到长久的安宁。外界的环境在不停地变化，我们身边每天都会有不一样的改变，只要我们保持内心的平静，保持心思的平和，以不变应万变，笑对人生，用智慧去解决生活中的问题，那么我们就会一直生活在安宁中。

只要我们胸怀宽广，只要我们渴望宁静，只要我们学会整合情绪，我们就能做到想静就静下来，只有自己的心静了下来，安宁才会来到我们身边。

Chapter 6

在气场中的修心妙法

自古以来，每一位成功人士的身上都有一种看不见、摸不着的气场，比如令人折服的美丽，无与伦比的幽默，使人如沐春风般的亲和力等。这是他们由内而外散发的一种气质，这种气质往往是在历经人生风雨之后磨砺出来的，是一种举轻若重，不动如山的沉稳。

想要养成这样的气质，第一步就是静心，只有将心静下来，才能接受新的东西，才能在一次一次的磨砺中把我们的心打磨得温润如玉、淡然不惊。当然，还要有“宰相肚里能撑船”的大度，拥有了这种大度，我们的心就不会为小事所烦恼。

要提升我们的心理素质，让我们在任何情况下都能波澜不惊、沉着冷静，沟通技巧也必不可少。有效的沟通可以减少不必要的麻烦。同时还要时常提升自己的思想境界，因为思想决定命运。当这些习惯与你的人生牢牢捆绑在一起的时候，你就会发现自己的心正在向外界散发一种无形的气场。

保持空的状态，走向成功

——空的心态：空，是一种静心的境界

生活中纷纷扰扰的事情将现代人的心塞得满满当当，就像一个杯子装得满满的就再也装不下任何东西，前进的步伐也因此变得迟钝。这个时候需要将心静下来，把思绪打开，将内心清理一下，保持一个空杯的心态前进。这样才能又快又有效率地走向自身的目标。

古代有个秀才，外表俊朗非凡，十分聪明，读书也十分刻苦。但是自从他考取秀才之后，每当自己坐到书桌前时，心中总是思绪万千，静不下心来读书。为了解决这个问题，他日日冥想静心，虽然坚持了三个月，但没有一点效果。他的好友向他推荐当地的一位禅师，并给了他一封推荐信，希望能帮助到他。

这位秀才拿着推荐信来到寺庙，见到禅师后希望他指点迷津。只见这位高僧捋了捋花白的胡子，微微笑道："好办，来，你先帮我做一件事。"秀才连忙答道："弟子一定做到，请问大师让弟子做什么事？"只见这位禅师拿出一个葫芦和一个小袋子，对秀才说道："这几日老衲喜欢上了糖水，你帮我把这袋中的冰糖融成一葫芦糖水即可。"

秀才一听，连忙双手接过葫芦和那一小袋冰糖，前去厨房打水。可是他发现，冰糖的颗粒太大，葫芦又太满，根本无法彻底融化，只得一脸愧疚地来到禅师面前说明情况。禅师听后没有说话，只是接过秀才手中的葫芦，把它打开将里面的水倒出一些，然后微微摇晃，那些冰糖很快就融化了。

秀才看后羞愧不已，只听禅师说道："人的心和这葫芦一样，不能太满，满了心思就僵了，心里面的想法就像没有融化的冰糖一样，在心里面横冲直撞，扰乱思绪，出去走走，把自己的心清理一下，就会很容易静下来了。"秀才听后很有感触，他考取秀才后，心中颇为自满，长时间留恋风花雪月、吟诗作对，整个人浮躁不堪。

生活中，面对种种诱惑，应当淡然处之，把这些诱惑化为心神的放松方式，而不应当让它们喧宾夺主，占据我们的内心。我们应该将自己的内心清空，用积极的心态面对生活，用淡定的气度迎接未来，用宁静的心灵获取幸福。

人们的内心，就像居住的房屋，有的房屋洁净如新，有的房屋杂乱不堪，所以给我们的心房打扫一下吧。打开窗帘，让阳光照射进来；打开窗子，让新鲜空气流通进来；拿起扫把，将地面上的垃圾、灰尘清扫出去；动起双手，整理房间摆设。用干净的房间待客，用空杯的心态对待未来。

北宋著名诗人苏轼本为翰林院大学士，少年得意、锋芒毕露，因此很快遭贬，尝尽人间苦楚。他刚被贬到黄州时，内心的烦闷与苦涩交织，常常借酒浇愁。一天，他喝醉酒后，在闹市撞在了一个彪形大汉身上，这汉子打眼一看苏轼，说道："什么东西，竟然撞到本大爷身上。"说完，便抡起拳头将苏轼暴揍一番。

苏轼醒后，对友人自嘲道："自喜渐不为人知。这一顿打，反而是把我打醒了，把我心中的烦闷、愁苦打没了！"自这以后，苏轼不再借酒消愁，开始过上了种种田、写写诗的清闲日子。心中的诸多滋味，到了最后，都变成了一种味道，那就是"静"的味道。

“空”是一种境界，是减轻生活包袱的一个方式，也是静心的一个阶段。

从前，有一个富翁家财万贯、锦衣玉食，可是他一点也不开心。直到有一天，他决定带上金银财宝去寻找快乐。

走到一座大山下，他看到一个樵夫背着木柴从山上愉快地走了下来。樵夫脸上洋溢着满足的笑容，还唱着欢快的小调。富翁决定向他请教快乐的秘诀，就上前对樵夫说：“你这么快乐的秘诀是什么？”樵夫想了想说道：“想快乐，很简单，将自己的心静下来，放空自己的大脑。”说完就背着柴草回家了。

富翁听后恍然大悟，他无时无刻不在担心财富会离自己而去，自己会变得一无所有。将这些担忧、顾虑深深地埋在心里，怎么可能会获得快乐呢？最后富翁用手中的金银财宝救济了不少穷人，看着穷人们脸上的笑容，他也快乐了起来。

生活就是这样，我们一旦被名利蒙蔽了内心，给心灵套上了枷锁，就很难再静下心来了。不如将名利从心中拿出来，轻装上阵，这样一来，我们就可能获得不一样的收获。世界上第一个不用氧气瓶登上珠穆拉马峰的人成功后，当记者询问他成功的秘诀时，他回答说：“大脑在思考的时候，需要消耗我们身体代谢的40%的氧气，我的秘诀就是静心、放空。”

放空是让内心得以轻松，它使我们更容易拨开眼前的迷雾、卸掉心灵的枷锁。在日常生活中，让心灵放空就会收获轻松畅快。面对一个大的目标时，应把心中的杂念全部抛弃，放空大脑，静下心来。静心后便放下了包袱，可以从容地向目标发起挑战。

“空”是一种精神，是一种淡然的人生态度，拥有这种精神是充满勇气的表现，也是人生智慧的体现。放空了内心，就收获了淡然；放空了大脑，就收获了轻松。放空后想静就能静下来，重整旗鼓后就能向着人生的下一个目标发起冲锋。

从现在开始放空一切，做心灵的主人，掌控人生的方向。心烦意乱时，出去走走，见见外面的世界，清理一下大脑，把烦躁的思绪付之于自然，让一股宁静入住内心，这样就达到了“空”的境界，达到了静心的目的。

宰相肚里能撑船
——大度：领袖气质的风范

无疑，大度是领袖气质的体现，正所谓“宰相肚里能撑船”，说的就是这个意思。一个人如果大度，他就能忍耐、包容他人，甚至能和他人分享所有的喜悦。同时，在某些问题上遭到他人的反对时，大度的人也不会刻意地与其对抗、漠视甚至打压他人。

大度的人，朋友永远不会离他而去，并且会将他当成自己生活中的主角来对待。尤其是作为公司领导者，一定要有大度的领袖气质，否则为你工作的人早晚会离开你，因为没有一个人愿意为一个胸襟狭窄的人工作。而从公司走出去的人往往比外面真正的敌人更可怕，因为他们对公司很了解，也更明白公司的弱点。所以，请时刻记住一句话，这也是美国总统尼克松时常挂在嘴边的一句话——“我们通常没有办法将外面的敌人变为朋友，但至少不要把里面的朋友变成敌人。”

大度的人，在遇到困难时不会有人对他见死不救。在古罗马时期，罗马军队的首领俘虏了另一个军队的将领，但因为这位首领心胸大度，所以并没有杀害这位被俘获的将领。后来，在这位罗马军队的首领遭遇绝境时，那位曾经被释放的将领营救了他。所以，用大度之心给他人以帮助的同时，也就是给自己留下了退路。在此，给大家一个忠告：无论生活还是工作中都要以大度之心待人，这样你就会有意想不到的收获。

那么，在生活与工作中应该如何培养大度的领袖气质呢?

第一，对待他人不要斤斤计较。

在对待他人的错误或失误时，不要过于斤斤计较。德隆蒂·韦斯特在这方面就吃了很大的亏。当时他和自己的队友丹尼尔·吉布森同时面临续约问题，吉布森先他一步搞定了自己的合同，5年2100万美元。看到自己的替补得到了这样一份丰厚的合约，韦斯特感到有些不悦，他提出了比吉布森更高的续约请求，球队管理者马上否决这项提议，同时开出了和吉布森类似的合约。

其实球队经理当时这样做也是有道理的，首先吉布森虽然暂时还比不过韦斯特，但是他更年轻，更具发展潜力。最重要的是，当时球队老大勒布朗·詹姆斯再三表示自己对吉布森的喜爱，球队为了讨好詹姆斯，给吉布森开出高薪也是无可厚非的。

但韦斯特就是这么一个斤斤计较的人，他无法容忍自己的替补在报酬上超越自己。一来二去，他很快就和球队闹翻了，但是在自由市场上转了一圈后，韦斯特发现真正对自己有意的球队寥寥无几，不得已，他又回到了骑士队。这一次，球队老板“杀价”也就更容易了，他只用3年1200万美元的合同就签下了韦斯特。可以说，正是凡事斤斤计较的心态，让韦斯特吃了大亏。

因此，一个人如果总是对别人吹毛求疵、斤斤计较，那么他也会从一定程度上深受其害。吉布森签下多大的合同实际上和韦斯特没有多大关系，这却激怒了思维偏执的韦斯特，他一定要得到比对方高的薪水，最后的结果并不如意。所以，无论是对待什么人，我们都要怀有大度之心，这样才能真正地培养自己的领袖之气。

第二，不要有知识的偏见和权力的傲视。

在现实生活中，大多数人都有这种心理，如果他人将你视为生活中的知识分子，又或者人家叫你一声领导，你就会感觉飘飘然，并对那些知识比你少、权力比你低的人产生偏见和傲视心理。而人一旦有了这种心理，就会变得心胸狭窄，无法大度待人。

第三，切忌不要将自己的伙伴变成竞争对手。

无论是作为一名职员还是领导，千万不要中伤自己的工作伙伴，也不要在背后说伙伴的坏话，有需要向对方指出的意见，可以当面给对方指出来，并诚恳地提出自己的建议。尤为重要的是，作为公司领导，千万不要对将要离开公司的员工说“公司不是少了你就不行的”“你走了就再也别回来了”……因为这些话永远都出自心胸狭窄的人之口，心怀大度的人是不会如此打击甚至攻击别人的。

第四，任何个人或公司的成就或利益都应该与大家分享。

美国戴尔公司的企业文化中有这样一项，即员工与员工、领导与领导、上级与下属之间及公司与员工之间都是成就和利益共享的关系。每年戴尔公司都会将公司的净利拿出10%-15%分配给员工，这是戴尔公司一直延续的企业文化。同时，不管公司个人或团体取得哪方面的成就，都会和公司全体职员享受那份喜悦。人一旦有了成就和利益，一定要想到周围其他的人，指的正是这个意思。而戴尔公司也因此而享誉盛名。

第五，凡事身先士卒。

凡事身先士卒也是一种大度的表现，这种人一般都是工作中的楷模，他们通常在必须有人奉献或牺牲的关键时刻，毫不犹豫地选择走在最前面。他们也总是在鼓励他人要有奉献和牺牲精神的同时，自己永远都以身作则。这种人必然能在他人面前展现更大的个人魅力和领袖气质。

第三代心理学的开创者亚伯拉罕·马斯洛认为，大度是塑造领袖气质的最基本的因素，同时也是领袖气质的最佳体现，更是一个具有领袖气质的人的最高境界。因此，想要完美塑造出自身的领袖气质，就必须具备一个宽广大度的胸襟，只有这样才能使人心悦诚服。

那么，请从现在开始，用博大的胸襟包容他人曾经犯的错误或过失吧！相信在你以大度之心包容他们的同时，他们也会以大度之心对待你，与此同时，你也能在他人心中树立起领袖的风范和气质，何乐而不为呢？

原谅曾经伤害过你的人，提高自己的魅力气场

——原谅：让心中的裂痕消失无形

在这个世界上，不管是亲情、友情还是爱情，最难得的就是宽恕。如果因为曾经的一些误会和伤害，让彼此间变得不理不睬，甚至像仇人一样，那么，彼此的内心都不会好过。

事实上，人们总会在不经意间做出一些伤害他人的事情，事后又总是会希望得到对方的原谅。当然，每个人都不希望和别人产生裂痕。相信很多人都有过这样的感慨，曾经有一个人有意或无意地伤害了自己，而当初的自己也将对方恨之入骨，并处处与对方针锋相对。然而，当事情过了很久后，或者说当自己渐渐经历了一些事情之后，在某一个寂静的时刻，突然发现自己已经不再记恨曾经伤害过自己的那个人了。这其实就是一种宽恕心理。

德国哲学家、意志主义的主要代表人之一的亚瑟·叔本华曾经说："如果有可能的话，人们不应该对任何人存有怨恨的心理。"叔本华将这一信条作为人生的一种大智慧，他认为，人的一生是否幸福和成功很大程度上取决于人们自身，其中一点就是自身的宽容心，即对伤害过你的人是否有宽容之心。然而，大多数情况下，人们只是考虑自身的得失，而将宽容心抛诸脑后。

事实上，这是一种不理智且不明智的行为。因为，令许多人都不甚明白的是，宽容心理还会提升自己的魅力气场。试想，当被你伤害过的人对你不计前嫌、笑脸相迎并真心帮你时，你对他会是一个什么样的评价？毋庸置疑，这样的人肯定是令人喜欢和值得欣赏的，因为，他们有一颗宽厚待人的心。

在罗马尼亚著名的小提琴家、作曲家格里高拉斯·迪尼库的身上发生过这样一件事：有一天，迪尼库突然发现自己曾经随手写的一首曲谱被一个叫作史密斯·弗朗兹的年轻人重新作词翻唱，且因此赢得了不小的声誉。当迪尼库找到弗朗兹时，对方拒绝承认翻唱的事实，一口咬定这首曲子是自己创作的。同时，弗朗兹还对迪尼库恶语相向，并骂迪尼库没有羞耻心，见他因为这首曲子红了，便用这种可耻的行为来和他争夺。最后，他还叫来自己的助理，连推带拉地将迪尼库轰了出去。

事实上，这首曲谱是他从一个朋友那里随手拿来的，而他的这个朋友正是迪尼库的学生爱德华·德沃夏克。当迪尼库发现自己的曲谱被弗朗兹作词演唱之后，他就已经想到可能是自己的某个学生泄露或遗漏了曲谱，以至于发生了这样的事情。

但当德沃夏克出来证明后，弗朗兹依旧不承认这是迪尼库所作。德沃夏克对朋友的这种做法感到相当愤怒，因为弗朗兹那天向他借这个曲谱说是学习一下，谁料弗朗兹竟做出这等事。无奈之下，德沃夏克只得建议老师迪尼库用法律的手段维护自己的权益。

然而，令德沃夏克没有想到的是，迪尼库却不想将弗朗兹告上法庭，虽然迪尼库深知所有的证据都对自己有利，但他认为，弗朗兹还年轻，只是暂时被这首曲子带给他的荣誉迷住了双眼，他相信自己的宽容一定会让他顿悟。

不出迪尼库所料，当德沃夏克自行将这些话传递给弗朗兹时，弗朗兹顿时觉得羞愧难当，他当即决定将这首曲子还给迪尼库，同时连同这首曲子带给自己的荣誉一并还给迪尼库，并决定公开向迪尼库道歉。弗朗兹站在迪尼库面前为自己的所作所为致歉时，迪尼库露出了欣慰的笑容。当弗朗兹问及迪尼库为什么没有选择将自己告上法庭时，迪尼库的回答让他顿感惊讶的同时敬佩之情也油然而生。

其实，迪尼库的回答就只有简简单单的两个字：宽容。也正是因为这两个字，弗朗兹最后成了迪尼库的学生，后来更是成为迪尼库最得意的学生之一。在弗朗兹看来，迪尼库的做法并不仅仅是一种宽容，更是一种令人无法抗拒的个人魅力气场，这种气场像一种让人无处遁形的魔力，又像一种让人不得不臣服于他的吸引力，从而对他产生一种发自内心的钦佩之情。

可见，宽容对被伤害的人和伤害他人的人都是同等重要的，当你在决定宽恕伤害你的人时，你将有可能得到意外的收获，而这份意外的收获很有可能比你当初给予对方的宽恕还要令人欣慰。

事实上，当你选择原谅伤害过你的人时，你就会发现，用一颗宽容之心对待对方，不仅能够缓和你与对方之间的关系，还可能因此建立起相互尊重的友谊，同时也建立起互帮互助的关系。

英国著名的社会心理学家弗雷德里·巴特利特说过："能够原谅伤害过你的人，你的魅力气场就会不知不觉地上升，从而使你拥有一份成功的可能。如果只是一味地为伤害过你的人甚至仇敌而怒火中烧，那么烧伤的最终只是你自己，毁灭的也是你自己的魅力气场。"因此，为了不断提升自己的魅力气场，为了使自己的人生更美好，请学会原谅伤害过你的人吧！

在忍耐中修炼自己的气场

——忍耐：忍一时风平浪静

忍耐是成就大事的一个必要条件，有忍耐力的人往往也具有强大的气场。他们的气场是向内而非向外的，这种气场毫不张扬，却能保证他们很难被击倒。犹太人善于忍耐，正是由于他们有着超乎常人的忍耐力，才筑起了自己的商业帝国。

在人生的漫漫旅途中，挫折与失败是无法避免的，关键是要能忍耐，不能因为一时的失意，整个人就瞬间崩溃。一时的失意，并不代表一辈子的失意。而一旦没有忍受一时失意的能力，就意味着一生都将会失意。失意时会茫然、混沌，但是绝不能一蹶不振。要知道人生就是一个历经挫折的旅程，不能忍受挫折的人，肯定会被挫折所击败。

忍耐不仅表现了坚强的品质，更是自信的体现。在逆境中学会忍耐，在忍耐中寻求解决问题的办法，这样才能成就大事。忍耐是一种成大事的谋略，是一种达成远大志向的手段，是为了实现理想必经的过程。它不是懦弱无能，更不是漫无目的忍让。忍耐就是要让失意变为得意，让挫折变为跳板，让祸端变成福兆。总之，它可以让人发掘出生活中很多别样的美好。

事实上，忍耐是保存自身实力的重要手段。矛盾的双方，力量会有强有弱，当敌我之间的力量对比过于悬殊时，忍耐无疑是一种最为明智的退却手段。鸡蛋碰石头，只会撞得粉碎。聪明的人都知道这时候不能硬拼，因为如果硬拼的话，即使自己粉身碎骨也动不了对手的一根毫毛。显然，他们都知道蓄积力量的重要性。在聪明人眼里，忍耐绝不是对强势一方的妥协和投降，而是在等待最好的时机，一旦他们觉得时机成熟了，自己的力量也得到了增强，就会乘其不备，猛然一击，让敌对的势力瞬间垮塌。

洛克菲勒家族是一个商业神话。其实在约翰·戴维斯·洛克菲勒创业之初，由于启动资金十分有限，他只得与合伙人克拉克商量再寻找一个合伙人。后来克拉克邀请到名人加德纳入伙。然而，克拉克却以加德纳是名人，比洛克菲勒更能吸引客户为由，要求洛克菲勒同意将克拉克-洛克菲勒公司更名为克拉克-加德纳公司。面对克拉克的这一过分要求，洛克菲勒很是愤怒。但是后来他告诉自己："你要学会忍耐，要保持心态平静，这只是开始，路还长着呢！"于是，洛克菲勒忍住心中的怒火，答应了克拉克的要求。因为洛克菲勒懂得这种忍耐不是盲目的容忍，他知道对克拉克大发雷霆不仅有失体面，而且会给他们的合作带来影响，甚至还会被克拉克和加德纳一脚踹出公司。

公司运转起来以后，洛克菲勒继续一如既往、不知疲倦地热情工作。三年之后，他就成功地将只提供了资金的加德纳请出了公司，让克拉克-洛克菲勒公司的牌子重新竖立起来！然而，克拉克却仍以自己是公司的第一功臣自居，即使面对最早的合伙人，他也总是摆出趾高气扬的架势。克拉克的无礼举动让洛克菲勒很是反感，但是即使克拉克当面指责洛克菲勒一无是处，他也充耳不闻，选择了忍耐。虽然洛克菲勒表面上没有反驳克拉克，但实际上，他心里已经向他宣战了："我一遍一遍地叮嘱自己要超过他，自己的强大是对他最好的羞辱，是打在他脸上最响亮的耳光。"

不久之后，洛克菲勒终于让克拉克-洛克菲勒公司永远成了历史，转而成立了洛克菲勒-安德鲁斯公司。洛克菲勒十分清楚忍耐也是有限度的。让他忍无可忍的是一次分红利的时候，克拉克与他起了正面冲突。洛克菲勒只想将一半的收益分红，另一半投入到公司运营中，而克拉克却提出将收益全部分红，甚至还威胁洛克菲勒说不想与他合伙了。洛克菲勒心想公司的扩大运营需要很大一笔钱，而克拉克完全不为公司考虑，于是就跟他摊牌，让他离开了。

洛克菲勒在一封写给儿子约翰的家书中说："约翰，在这个世界上需要我们忍耐的人和事太多太多，而引诱我们感情用事的人和事也太多太多。所以，你要锻炼自己管理情绪和控制感情的能力，一定要注意在做决策时不要受感情左右，而是要根据需要来做决定。记住，适当的忍耐会给你带来快乐、机会和成功。"

可以说，忍耐并不是盲目的言听计从，而是在自身还不足以与外界抗衡时不得不选择的一种退让心理，而这种心理往往会激励自己不断进取，超越他人，提升自己，从而使自身形成一种强大的气场。

提升心理素质也是提升气场

——心理素质：气场的能量来自心灵

美国著名心理学家高尔顿·威拉德·奥尔波特说过：“心理素质是个人整体素质的基础，也是提升个人气场的重要因素之一。一个人有没有气场，气场的能量有多大，也取决于这个人的心理素质给自己所带来的受人尊重的程度有多大。”

既然心理素质与个人气场有着如此紧密的联系，那么，心理素质指的是什么呢，它主要由哪些因素所构成，各因素之间又有着怎样的联系，对人们有着怎样的帮助和启示呢？

其实，心理素质是心理教育学体系中的重要概念之一，它是个人在外界教育的影响下，所形成的比较稳定的心理特征和道德品质的总和，是人们心理动力、心理能力、心理状况以及性格的综合体现。换句话说，衡量一个人的心理素质可以从心理动力的大小、心理承受能力的强弱、心理状况的好坏以及性格品质的优劣等方面进行评估。

可见，心理素质是人们自身素质结构的核心因素，是将人们自身各部分素质“联系起来”，成为人们自身素质的内部根据。相信很多人都有过这样的感触，当自己遇到各种挫折或困难时，会变得消极颓废，从此一蹶不振。为什么会出现这样的情况呢？其实这就是因为心理承受能力太弱导致的，也就是本身的心理素质不好所致。

当然，心理素质好的人情况就不会如此糟糕，他们会非常冷静和理智地分析和思考问题，找到解决问题的方法，争取一个比较乐观的结局。哪怕结局并没有想象中的好，甚至比想象中还要糟糕，他们也不会因此悲观失望，他们所做的只是寻找下一个更好的目标去努力、去奋斗。

这就是心理素质好与坏所造成的截然不同的结局。事实上，心理素质的好坏不仅仅表现在失败的时候，也表现在成功的时候。在现实生活中，相信大多数人都会在成功时表现得沾沾自喜，觉得自己已经成功了，就得意忘形。其实这种心理特征也是心理素质不好的体现，这其实是一种自我膨胀的不良心理。一个心理素质良好的人，是不会因为成功的喜悦而忘乎所以的。

马修·丹尼尔创办了一家电器公司，他的朋友艾瑞克·爱比盖尔是投资股东。最初的时候，公司的电器找不到销路，丹尼尔为了产品销量四处奔走联络，但是一段时间后，仍然没有找到好的产品销路。这时，丹尼尔有些灰心了，他开始频频抱怨，并认为自己当初根本不应该创办这家公司，这简直就是一个错误。

对此，爱比盖尔劝慰丹尼尔不要因为一时的挫败而变得消极，要越挫越勇，积极行动起来。于是丹尼尔又开始为产品的销路奔波。后来，在爱比盖尔的鼎力协助下，最终找到了好的产品销路，且产品销量相当乐观，公司也渐渐走上了正轨。这时，丹尼尔一改往日灰头土脸的表情，表现出一副沾沾自喜的样子。同时，他在工作上变得懒散起来，整天悠闲自得，不仅如此，他对公司职员的态度也变得越发傲慢。

爱比盖尔告诫他不要因为暂时取得的一些成绩就得意忘形，丹尼尔的回答却是，现在公司已经发展起来了，完全没有必要再担心什么了。然而，由于丹尼尔经营与管理上的不善，不到一年公司就倒闭了。

这个故事的道理其实很明显，一个人在遇到挫折时需要保持一个积极乐观的心态，这样才能有助于自己走出困境，同样，在成功之后仍旧需要保持谦虚的心态，而不是因为一点点成功就忘乎所以，否则只会将自己重新置于困境当中，甚至永无翻身的机会。

还有一点，从丹尼尔最初的消极悲观到受朋友启发后的积极乐观再到成功后的骄傲自满，这种前后变化的心理说明了人们的心态是不固定的，它会因外界的启发和环境影响而发生变化。心理学家弗雷德里·巴特利特曾说："提高自身的心理素质，就等于提高了自己的魅力气场与幸福额度。"德国杰出的心理学家亨利·比勒也曾指出："良好的心理素质是提升魅力气场的重要因素。"

可见，拥有良好的心理素质的重要性。那么，人们如何才能提高自己的心理素质，且时刻保持一个良好的心理状态，从而提升自己的气场呢？可以通过以下几种方法来实现。

（1）抛弃自卑，自我肯定

人总是需要抛弃自卑且不断地自我肯定才能进步。抛弃自卑，自我肯定，坚定自己的信念，是塑造良好心理素质的重要因素，也是使人不断确立自信的基础。试想，一个自卑且不能肯定自己的人，又怎么会得到他人的肯定呢?

有这样一个故事，孤儿院里有一名小男孩常常伤心地问院长：“像我这样一个没人要的孩子，活着还有什么意义呢?”院长笑了笑，取出一块外形古怪的石头让小男孩拿到集市上去出售，并嘱咐小男孩，无论别人出多少钱，都不能真卖出去。

出乎小男孩的预料，集市上很多人都对他的石头特别感兴趣，而且价钱也越出越高，一天结束后，小男孩拿着石头兴高采烈地回来，并开心地向院长述说了一天的情况。院长让小男孩明天去黄金市场上卖，结果价钱比第一天涨了十倍。最后，院长让小男孩将其带到宝石市场去卖，结果又比第二天涨了十几倍，由于小男孩坚持不卖，这块石头竟被人们传为“稀世珍宝”。

院长告诉小男孩，其实这就是一块普通的石头。人生的意义首先取决于你对自己的态度，你是否相信自己，是否肯定自己。你能不能像这块石头一样，抛弃自卑，自我肯定，让你的人生变得更有魅力，更有气场呢?

心理学家弗雷德里·巴特利特认为，不能抛弃自卑进行自我肯定的人，心理承受能力是薄弱的，心理素质也是低下的，而这样的人在生活中也往往是备受挫折的。

（2）言谈举止要淡定从容

一言一行、一举一动，有时甚至一个眼神都能体现一个人的心理素质。在任何情况下，从容淡定的言谈举止都能体现一种良好且优秀的心理素质。

从言谈举止看心理素质，一般表现在商务型的会议、宴席以及谈判上。一家证券公司的职员詹姆士·爱尔兰卡和一家大型商务公司经理洽谈一笔11亿美元的合作项目，在整个谈判过程中，爱尔兰卡始终保持着优雅的微笑和恰到好处的言谈举止，最后合作项目成功谈妥。

试想，如果爱尔兰卡言语慌张，举止浮躁，这会给对方什么样的感觉？对方一定会认为，爱尔兰卡如此不淡定，是否意味着他所在的这家公司能力薄弱，没有实力承担起这个合作项目。如果对方这样一想，那么谈判的结果也就可想而知了。

（3）正视失败，越挫越勇

众所周知，伟大的发明家爱迪生为了发明电灯经历了几千次失败，最终才找到了钨丝；林肯22岁经商失败，23岁竞选州议员落选，24岁再次经商失败，27岁精神接近崩溃，29岁竞选州议长依旧落选，34岁竞选国会议员落选，35岁才当选为州议员，39岁竞选国会议员再次落选，46岁竞选参议员以失败告终，47岁竞选副总统落选，49岁竞选参议员仍旧落选，直到51岁才当上美国总统；著名的物理学家霍金在21岁时患上了萎缩性的脊髓侧索硬化症，医生给他下的定论是最多能活两年半，而他却在轮椅上奇迹般地活了40年之久……

如果这些持续的失败和残酷的折磨都发生在你的身上，你能承受吗？林肯和霍金的事迹向人们说明了什么？毋庸置疑，他们的心理素质相当好，如果不是这样，相信林肯也不会当上美国总统，而霍金也不会被人们誉为“宇宙之王”。可见，拥有一个良好的心理素质有多么重要。

（4）增强自信心，必要的时候学会说“不”

如果一个人总是不够自信，而是一味地、无条件地接受他人的意见或者默认他人的行为，那么他人便会认为这个人没有主见，从而变得不尊重这个人的意见。这种人很容易按照他人的意图去行事，也往往会受到他人的影响，更没有办法影响他人，如此一来，这个人的气场势必会大大减弱。

玛雅·艾米莉是一家化妆品公司董事会成员之一，但艾米莉对自己相当不自信，她总认为自己所做的事情都是不正确的。因此，公司每次召开董事大会，无论会议上提出什么样的建议或方案，艾米莉都说好。当董事长或其他的董事成员询问她好在哪里时，她又说不出原因。就这样，久而久之，董事长便不再征求她的意见，开会时也就将她当作一个隐形人来对待。

这样的结果便是因为艾米莉的不自信而造成的，这种不良心态让艾米莉变成了一个没有话语权的董事成员。因此，增强自信心，在必要的时候学会说“不”是非常必要的。

（5）提升心灵修养，让内心充满爱与感恩

如果想要有一个良好的心理素质，那么良好的心灵修养是必不可缺的。那么，要如何才能提升自己的心灵修养呢？答案其实很简单，那就是让自己的内心充满爱与感恩。事实上，爱与感恩是我们每个人都应该具备的心灵修养，因为具备这种心灵修养的人，能在任何场合发挥自己极具亲和力的魅力气场，可以毫不夸张地说，极具亲和力的魅力气场是每个人都无法抗拒的，因为在现实生活中，每个人都企盼着与人亲切友好地交往。

但是，如果一个人的内心没有了爱与感恩，那么这个人的言谈举止、行为处事都会冷冰冰的，又何来亲和力可言？因此，让我们提升心灵修养，让我们的内心充满爱与感恩吧！

综上所述，一个人的心理素质与个人气场有着密不可分的关系，而拥有良好的心理素质是提升个人气场的基础与关键。法国作家亚历山大·仲马说过：“人生是用一串串无数的小挫折组成的念珠，心理素质好的人总是笑着数完它。”其实生活中有许多提升心理素质的方法，关键是看你愿不愿意努力去做。

提升心灵的高度，让心灵气场更给力

——思想境界：思想的提升可以让心灵静静地升华

所谓的心灵的高度，指的是让心灵达到一种超脱世俗、不为任何名利所牵扯的高超的思想境界。

德国哲学家、心理学家布伦塔诺曾这样写道：“我今天又有了最新的感悟，心灵就是一个人的气场原发地，人们所有的观念和行为都源自心灵，也都因心灵的转变而变化，只要心灵得到升华，气场就会不断地升华。”

英国哲学家、社会学家赫伯特·斯宾塞曾说：“人们只要守住了心灵，就等于守住了气场，提升心灵高度的同时也提升了气场的高度，只要做到心灵不荒芜，气场就不会消失，人生才会有更多的收获，心灵气场才会更强大。”

2009年，德国一家报刊上刊登了这样一篇文章：在德国一座靠海的山上住着一个叫汉斯·格利茨的老人，在夏收时节的一天，天气异常闷热阴沉，格利茨突然发现海水渐渐变黑，老人知道这意味着什么。然而，此时他看见山脚下，村民们正在欢庆丰收，他已经没有时间去报信了，也来不及通知山腰寺庙里的和尚敲响大钟。突然，他脑子里灵光一闪，急匆匆地跑到自己的地里，将已经成熟、干燥的庄稼用火点燃，熊熊大火迅速蔓延，将他一年的收成逐渐吞噬。

山腰的和尚们看见山上燃起了熊熊烈火，赶紧敲响了寺里的大钟。山脚下的村民见寺庙里的大钟响了，知道一定有紧急情况，于是全村男女老少都急急地赶往寺庙，随后又迅速赶到山上，帮助老人扑灭大火。当人们得知老人亲手将一年的收成付之一炬时，都疑惑地望着老人，以为老人疯了。

就在这时，海啸猛烈地卷着海水疯狂地扑向陆地，山下的村庄顷刻间化为了一片汪洋，疑惑中的人们这才恍然大悟，原来格利茨老人牺牲自己的庄稼来将海啸的消息传递给人们，让山脚下的村民逃过了一劫。

这是一个真实的故事，故事所要表达的就是格利茨老人拯救村民的善举，诠释的正是一个人心灵的高度。或许，在生活中，我们不一定能够成为像格利茨老人那样的人，但我们的心灵却不能萎缩，因为一旦心灵萎缩了，就再也装不下其他人了，更别说像格利茨老人那样，心中装着全村的人。

村民们得救之后，对格利茨老人充满了无限的爱与感恩。事实上，提升心灵高度的根本也就是让人们的内心充满爱与感恩。一个内心没有爱，且不懂得感恩的人不会受到人们的尊敬和欢迎。更重要的是，一个人的内心如果缺少了爱与感恩，那这个人就无法拥有心灵气场，因为心灵气场需要在爱与感恩中得到升华。

布伦塔诺曾经得出这样一个定论："如果心灵气场是一条人生之船，那爱与感恩就是指引这条人生之船前进的灯塔。"可见，爱与感恩在心灵气场中的重要性不言而喻。懂得爱与感恩的人，会在不知不觉中提升自己的心灵气场，反之，则会降低自己的心灵气场。

在日本靠近京都的一座寺庙中，住着一个非常年轻的和尚，他既年轻又英俊，且心眼好，总是不厌其烦地为人们解决各种问题，因此，全村的男女老少都非常喜欢他。然而有一天，平静的生活却被打乱了，村里一个年轻女孩怀孕了，在其父母的一再逼问下，女孩说肚里孩子的父亲就是那个庙里的和尚。为此，全村人立即痛恨起这个年轻的和尚来，他们全都用敌视的眼神看他，同时还烧毁了他的寺庙。

当时的天气非常寒冷，令和尚没有想到的是，第二天早晨，女孩的父亲抱着那个刚刚出生的婴儿找到他说："这是你的孩子，你必须负责。"和尚只是回答说："哦？是这样吗？"女孩的父亲根本不理会和尚的话，将那个婴儿丢在和尚怀里，便离开了。

和尚无奈地摇了摇头，突然那个婴儿哇哇大哭起来，和尚又笑着摇摇头，开始照顾起那个婴儿。寺庙被烧毁了，婴儿嗷嗷待哺，和尚又身无分文，无奈，和尚决定去村里乞讨。然而，谁都不愿意施舍给和尚任何东西，即便是有不懂事的小孩子丢给和尚食物，也立即会被大人捡回去。

和尚很无奈地看着怀里的婴儿，就在昨天，自己还是一个受人敬仰的圣人，现在却变成了一个无耻的大罪人，和尚所到之处，村民们都当着他的面毫不留情地谴责他，最后将门关得呼呼作响。

后来，和尚走到了那个女孩的家门口，看到了那个面容沮丧的女孩。听到孩子的哭声，女孩急忙探出头来张望。此时，和尚说："你不需要给我任何东西，因为我是大罪人，但小孩子是无辜的，求你施舍一杯牛奶给她喝。”女孩悄悄地拿了一杯牛奶给和尚，却被父亲发现了，愤怒的父亲正要驱赶和尚，女孩却突然说出了事情的真相。原来，那个婴儿的父亲并不是和尚，她之所以诬蔑和尚，是害怕父亲伤害真正导致她怀孕的男孩。

真相大白后，全村人立即改变了对和尚的态度，又都叩拜在他的脚下，请求得到他的原谅。和尚依旧摇了摇头，女孩的父亲也流着泪抱回了和尚手中的婴儿，并抱歉地说：“大师为何不言明真相呢？这个婴儿本不属于你，你为何不说出来呢？”

和尚又笑着摇了摇头，说：“那个婴儿是谁的并不重要，重要的是如果我不救她，谁来救她？”和尚的回答让所有人惭愧得无地自容。这时，女孩也赶来了，后面还跟着那个婴儿真正的父亲。女孩的父亲很激动，他要当着全村人的面处置自己的女儿和那个男孩，女儿和那个男孩流着泪跪在那里，一动不动，所有的人也都不说话，似乎都在静静地等待着女孩的父亲处置这件事。

这时，和尚突然开口道：“他们固然有错，但大家为何不用爱和感恩的心来包容他们呢？就像那个婴儿，如果我也和你们一样，一开始就将自己的爱心关闭起来，岂不是白白牺牲了那个无辜的孩子。那样，我于心何忍？”

的确，每个人都应该拥有一颗关爱他人、感恩世界的心，而不是抓住他人的把柄，一味地谴责和惩罚他人，因为这样做没有任何意义！试想，如果和尚当时说明真相，或者对那个孩子置之不理，那么结局又会是怎样？

其实，当你决定用爱和感恩的心包容他人的时候，你就会发现，那不仅仅是在包容别人，同时也是在提升自己心灵的高度。或许有人会问，心灵的高度究竟有多高？其实，心灵本身并没有高度，所谓的高度仅仅取决于你对他人的爱有多少，对这个世界的感恩有多少。